Feng Shui
para Crianças

Nancilee Wydra

Feng Shui
para Crianças

Crie ambientes onde seus filhos possam
desenvolver-se ao máximo

Tradução
MARTA ROSAS

EDITORA PENSAMENTO
São Paulo

Título do original: *Feng Shui for Children's Spaces*.

Copyright © 2001 Nancilee Wydra.

Publicado mediante acordo com a Lennart Sane Agency AB.

Todos os direitos reservados. Nenhuma parte deste livro pode ser reproduzida ou usada de qualquer forma ou por qualquer meio, eletrônico ou mecânico, inclusive fotocópias, gravações ou sistema de armazenamento em banco de dados, sem permissão por escrito, exceto nos casos de trechos curtos citados em resenhas críticas ou artigos de revistas.

Ilustrações de Ginny Piech Street.

Material das pp. 161-162 adaptado por Gabriel Mojay, *Aromatherapy for Healing the Spirit*, copyright © 1996 Gaia Books. Adaptado com permissão da Gaia Books.

O primeiro número à esquerda indica a edição, ou reedição, desta obra. A primeira dezena à direita indica o ano em que esta edição, ou reedição, foi publicada.

Edição	Ano
1-2-3-4-5-6-7-8-9-10	02-03-04-05-06-07-08-09

Direitos de tradução para a língua portuguesa
adquiridos com exclusividade pela
EDITORA PENSAMENTO-CULTRIX LTDA.
Rua Dr. Mário Vicente, 368 — 04270-000 — São Paulo, SP
Fone: 272-1399 — Fax: 272-4770
E-mail: pensamento@cultrix.com.br
http://www.pensamento-cultrix.com.br
que se reserva a propriedade literária desta tradução.

Impresso em nossas oficinas gráficas.

Para meu filho, Zachary Abraham Wydra, que me ofereceu muito mais amor, incentivo e riso do que qualquer mãe poderia desejar. E para estas outras crianças da minha vida, todas muito queridas:

> Chad Breitenfeld
> Chloe Root
> Barnaby Root
> Rebecca Street
> Tommy Street
> Matt e Alex Greene
> Patrick Huot
> Shanna Amsler
> Lenny Bourla-Yanor
> Kroll

Para vocês, todo o meu amor.

E para a turma da Dra. Anita Rui Old, do Harvard's Child Care Institute — aprendi muito com ela e seus alunos, principalmente Sue Norman, que contribuiu muito para este livro com sua inspiração.

Sumário

Introdução 9

Parte I: O Básico
1. O Papel do Feng Shui na Criação de Espaços Infantis 15
2. O Tao e os Três Estágios da Primeira Infância 23
3. Yin e Yang: a Medida do Equilíbrio 33
4. O Ch'i e os Sentidos 39
5. Elementar, Meu Caro Watson: os Cinco Elementos
   do Feng Shui 51
6. O Ba-Guá: o Sentido Implícito do Espaço 65
7. Cores Felizes 73
8. Espaço para o Movimento 93

Parte II: As Crianças
9. A Fada Zum-Zum: Criando Juntos um Quarto
   para o Seu Filho 103
10. O Teste das Crianças 117

Parte III: Considerações Especiais sobre os Diversos Aposentos
11. Área das Refeições 141
12. Espaços de Convivência 147
13. Quartos de Brinquedos 157
14. Dormitórios 173
15. Espaços ao Ar Livre 181
16. Necessidades Especiais 185
17. Casas Não-tóxicas 189
18. As Casas Falam 199

Posfácio 203
Bibliografia 205
Serviços 207

Introdução

A VIDA É MOVIMENTO. A partir do instante em que o espermatozóide se une ao óvulo, o processo do movimento e da mudança não cessa mais. A perenidade do movimento e da mudança é universal. Não sou cientista, mas me interesso em pensar sobre a natureza do universo. Gosto de refletir sobre as possibilidades de equívoco, limitação e engano de nosso modo de pensar. O filósofo grego Aristóteles (384-322 a.C.) definiu a terra como o centro do universo. Naquela época, talvez por razões de ordem mística, os seres humanos tinham dificuldade de imaginar que o nosso planeta pudesse girar na órbita de outra massa que não é estática nem em quantidade nem em posição. Físicos como Stephen Hawking, autor de *Black Hole and Baby Universes*, especulam que o nosso universo é um espaço curvo infinito, no qual não há princípio nem fim, e que o tempo, conforme acreditamos que seja, não existe. E você pode estar pensando: o que é que isso tem que ver com crianças?

Acontece que tem sim, e muito, pois o que eu faço neste livro é tentar descobrir novas maneiras de criar ambientes especialmente destinados às crianças. A *verdade* é algo que muda constantemente — e aqueles que conseguem descobrir novas tendências projetam-se acima de seus predecessores. Partindo da proposta de deixar de lado o trivial e os limites impostos pelos móveis e objetos de decoração já prontos, espero contribuir para ajudá-lo a descobrir no seu lar possibilidades que você não havia sonhado. O ambiente deve influir na ampliação das possibilidades das crianças. Ele deve permitir que elas se realizem conforme dita a sua própria imaginação. O mundo físico pode ser um instrumento válido para dar forma àquilo que cada criança busca e para explorar plenamente todas as possibilidades que a vida oferece.

A Função Essencial de um Ambiente

Antes de começar a contar-lhe minhas idéias, é preciso que concordemos quanto a alguns princípios deste livro. É fundamental que você, leitor, compreenda a importância do papel desempenhado pelo ambiente na criação do hábitat de uma criança. Só assim você poderá utilizar este livro para criar em seu lar um "clima" aberto e propício ao bem-estar do seu filho.

O ambiente deve proporcionar às crianças opções suficientes para que elas possam achar por si mesmas o próprio equilíbrio e o próprio valor. Ele precisa ser estruturado o suficiente para permitir a segurança do ponto de vista fisiológico; redundante e coeso o bastante para permitir um refúgio do ponto de vista emocional; complexo o suficiente para proporcionar desafios e fácil de manipular o bastante para acelerar e aprofundar o desenvolvimento.

Não é simplificando os elementos nem impondo funções específicas que um ambiente proporciona uma experiência dinâmica. Os espaços devem ser polivalentes de modo a se transformarem num trampolim para todo tipo de experiência. Quando se otimizam as condições para uma determinada atividade, ela pode ser aprofundada, mas não se pode dizer o mesmo das oportunidades secundárias que toda experiência em princípio permite. A criança que pega um bastão pode imaginar que ele é qualquer coisa, desde a batuta de um maestro até uma sonda atmosférica espacial. Da mesma forma, um papel em branco constitui um convite à criança para que ela use a imaginação — muito mais do que os desenhos de um caderno de colorir. Quanto menos estruturado for o cenário, mais variados podem ser os resultados. Dentro do contexto de menos estrutura, deve haver uma oportunidade para extremos. Um ambiente deve ser ao mesmo tempo formal e flexível para que possa permitir experiências não só concretas como também conceituais. O ambiente infantil deve ser rico em fatores complexos, mantendo porém uma escassez essencial para que a imaginação possa transbordar dentro dele.

As crianças pequenas costumam perguntar por que o céu é azul ou o que aconteceu com o cabelo do vovô. As mais velhas fazem perguntas de extrema complexidade: se sabemos o passado, por que não o futuro? Como é que a luz se transporta mesmo? Detectar o não-resolvido é uma das grandes características da infância. Só quando aprendem a noção de absoluto é que as crianças adquirem mais dificuldade em perceber o não-visto. Quanto mais ensinamos as crianças a agir da forma mais aceita e estabelecida, mais dificultamos a sua propensão natural à investigação.

O ambiente deve funcionar como uma lufada de ar fresco: enquanto, por um lado, ele é uma combinação específica de formas, por outro tem a vantagem de ser informe, desobstruído e determinante. Como o respirar, o ambiente deve dar às crianças o que elas precisam e livrar-se do que não é necessário ou desejável. Criar um ambiente a partir da função da respiração é entender que o conteúdo do mundo físico se transmuta por osmose na alma infantil. Como se fosse inalado, o que está fora se torna o que está dentro.

Embora cada criança tenha o seu próprio potencial, a pequena chama que existe dentro de cada uma só pode brilhar plenamente se encontrar uma atmosfera que a alimente. A idéia deste livro é ajudá-lo a criar um espaço que forneça opções e segurança, inspirando emoções e fomentando o desenvolvimento humano. É com imenso prazer que lhe ofereço esta pequena contribuição para a vida de seus filhos.

Às crianças que existem dentro de nós e àquelas que se tornarão o que nós somos hoje, meu amor e minhas idéias,

Nancilee Wydra

Parte I
O Básico

1

O Papel do Feng Shui na Criação de Espaços Infantis

A exploração da realidade é um processo contínuo na infância. O que a criança investiga é determinado pelo conteúdo do mundo físico. (Quando digo *conteúdo*, refiro-me a todo o mobiliário, obras de arte, tecidos e qualquer outro item utilizado num espaço para fins decorativos ou utilitários.) Os objetos que mais fascinam as crianças geralmente são os objetos comuns, pois construindo, moldando e criando aquilo de que dispõem elas o transformam em situações e paisagens que animam, expressam e transmutam *o que existe* em *tudo aquilo que se quer que exista*. O feng shui analisa detalhadamente todas as coisas com que nos cercamos em nossas casas e de que forma elas podem afetar-nos. Em outras palavras, o feng shui revela como as cores, formas, texturas, odores, sabores e sons que estão à nossa volta afetam as nossas emoções, a nossa imaginação e as relações que estabelecemos com as pessoas e com nós mesmos. O mundo físico erige uma realidade tridimensional. A magia está no fato de que tudo pode representar uma possibilidade de ajudar uma criança a desenvolver ao máximo seu espírito, sua mente e seu corpo.

As crianças escolhem e utilizam tudo aquilo que está disponível, e não apenas o que lhes é especificamente destinado. A seleção da localização e da forma de móveis e acessórios de um lar, bem como de padrões e estamparias de tecidos, pode contribuir para reforçar mensagens compatíveis com as necessidades infantis. O que a criança vê e toca, tira do lugar ou carrega, torna-se um motivo de perene aprendizado sobre a vida. Ao definir o ambiente de seu filho, saiba que deve estimular e cativar todos os seus sentidos. Já que toda atividade, qualquer que seja ela, ocorre sempre num determinado espaço físico, é não apenas sensato, mas também essencial, que você aprenda como esse espaço influi sobre o desenvolvimento.

Embora se façam muitas pesquisas para investigar a influência exercida por aqueles que cuidam diretamente das crianças sobre a sua personalidade em evolução, não se dá muita atenção ao impacto que o ambiente físico tem sobre o desenvolvimento infantil. Os princípios nos quais se baseia o feng shui revelam a importância do primeiro ambiente na restrição ou expansão da competência de uma criança, pois este pode, em última análise, até determinar a maneira com que ela abordará muitas das situações da vida. Além de esclarecer alguns princípios gerais do feng shui, este livro pretende demonstrar como se pode criar um ambiente que incentive não só as qualidades que você deseja estimular em seus filhos como também aquelas inerentes ao próprio caráter deles.

Embora o milenar feng shui não fale especificamente em ciclos de vida, ele reconhece determinadas reações biológicas comuns aos seres humanos. O feng shui considera essas reações inerentes a todos nós em função de nossa herança biológica comum. Por exemplo, o olho é um mecanismo que traduz a luz e o movimento. Portanto, o total de luz e de movimento presentes num ambiente pode fazer uma enorme diferença na intensidade com que esse espaço é percebido. A criança provavelmente pára de brincar quando a tevê é ligada, pois as cores e os sons que esta transmite dificultam a concentração em outra coisa.

O Que Distrai o Olhar

o que se vê do lado de fora da janela
a televisão
outras crianças movimentando-se num determinado espaço
portas abertas
lâmpadas demasiado fortes
pinturas com cores muito contrastantes
móbiles
relógios ou outros mecanismos com peças que se movimentam

O olho capta primeiro a luz e, em seguida, o movimento. Para prender a atenção das crianças ou ajudá-las a concentrar-se, procure evitar que elas fiquem de frente para uma janela ou para um objeto em movimento.

Símbolos

O ambiente nos apresenta uma série de símbolos. Alguns são universais, como a forma e a cor, e outros são culturalmente aprendidos (como é o caso do interruptor da luz — que, quando virado para cima, significa que a luz deve estar acesa). Os símbolos funcionam como botões automáticos que primeiro deflagram uma reação e depois a canalizam. Pode-se definir um *símbolo* como "uma imagem que libera e direciona energia". Por exemplo, quando vemos a cor vermelha, independentemente do contexto, reagimos automaticamente com emoção, a respiração se acelera e a concentração na atividade intelectual e mental aumenta. Entretanto, se a forma do objeto for mais significativa, ela então sobrepujará a cor. No caso, por exemplo, de se dar a um bebê uma mamadeira vermelha cheia de leite, o alimento (forma) será mais importante que o vermelho (cor).

Eis mais um exemplo: suponhamos que você saia e compre uma coberta vermelha para combinar com a decoração do quarto do bebê, pensando que uma cor quente vai fazer o seu filho sentir-se bem antes de dormir. Ao ler este livro, você vê que o vermelho desperta entusiasmo e energia. Então percebe que a cor da coberta não é compatível com o que você deseja que seu filho sinta antes de pegar no sono. E pode até descobrir que com a nova aquisição o padrão de sono de seu bebê mudou: a criança passou a ficar irritada e mal-humorada, em vez de entrar no sono tranqüilamente. A culpa, nesse caso, poderia ser do vermelho da coberta.

Quando usados inadequadamente, os símbolos universais podem transmitir mensagens que são a antítese do comportamento desejado. Eis aqui uma lista de opções inadequadas relativamente comuns, que acabam transmitindo uma mensagem confusa.

O Capítulo 7 explica detalhadamente por que essas cores podem não ser indicadas para os objetos listados.

Objeto	Mensagem da Cor	Mensagem Desejada
Coberta vermelha	Estimulação	Propiciar segurança
Mesa de jogo azul	Introspecção	Interagir com os demais
Cadeira de balanço verde	Mudança de movimento	Acalmar-se e relaxar
Cantinhos brancos	Exposição e exibição	Propiciar um refúgio
Piso preto	Profundidade sem fim	Constituir um trampolim para voar ou viver
Escrivaninha laranja	Necessidade de estar com os outros	Fomentar a concentração
Pratos roxos	Homenagem ao processo interior	Aprender a socializar-se
Lençóis amarelos	Lucidez e clareza	Relaxar e soltar-se

Símbolos Inatos e Adquiridos

A partir do momento em que reconhecemos que muitos sistemas simbólicos são praticamente universais, podemos nos perguntar se os símbolos são inatos, estampados ou ambas as coisas. A resposta é ambas as coisas. Então qual a diferença entre a versão inata e a versão estampada? É importante que compreendamos essa diferença.

Em primeiro lugar, tomemos um **símbolo inato**. Imagine um pintinho, que acaba de sair do ovo, vendo um gavião voando nas imediações. Considere o fenômeno de que, mesmo sem experiência anterior, o pintinho vai correr em busca de refúgio. Se, em vez do gavião, fosse um pardal ou um tordo, o pintinho não reagiria assim. Mas em algum lugar do cérebro das galinhas está gravada uma forma de gavião que não provoca outra coisa senão puro pavor. Na verdade, já foi comprovado cientificamente que quando se arrasta, com um arame, um modelo de gavião entalhado em madeira num galinheiro, os pintinhos correm tentando esconder-se. No entanto, quando o mesmo objeto é puxado de volta, *os pintinhos não reagem*. Portanto, a reação tem incrustação inata no psiquismo de todos os pintinhos recém-saídos do ovo; ela não precisa ser aprendida nem é privilégio de determinadas galinhas. Essas reações são conhecidas como *mecanismos inatos de reação* ou *reações estereotípicas*.

Será que as crianças também possuem mecanismos inatos de reação? Quais os símbolos universais gravados no cérebro infantil que fazem as crianças reagirem aos estímulos do mundo físico? Alguns argumentam que o medo generalizado de aranhas, roedores e cobras é uma reação humana inata a predadores que, apesar de muito menos assustadores, eram tão letais como os tigres. O fato é que a força dos símbolos na espécie humana é muito grande e contribui para reações intrínsecas a todos nós, a não ser que aprendamos a reagir de outro modo. A beleza do feng shui está em que sua base provém dos mecanismos inatos de reação que todos compartilhamos.

Quanto à **aquisição de símbolos**, é outro fenômeno em que um determinado modelo se liga à psique. Você provavelmente já viu um filhotinho seguir desajeitado a mãe-pata. Mas se ela estiver ausente e o primeiro ser vivo avistado pelo patinho recém-nascido for um ser humano, ele vai seguir essa pessoa como se ela fosse a mãe-pata. O instinto do animal para seguir a mãe é inato, mas o que constitui a verdadeira mãe, não. A primeira coisa que o pato avista fica estampada em seu psiquismo como "mãe". Portanto, a estampagem é um fenômeno que tem elementos de individuação, ao passo que as reações estereotípicas, não.

Para os seres humanos adultos, uma forma de aquisição de símbolos é a paixão. Na hora biologicamente certa, os hormônios entram em ação e a premência de se acasalar e de "se apaixonar" toma a gente de assalto. Os detalhes da paixão são, em parte, aprendidos no contexto cultural em que somos criados. Entretanto, no momento em que ficamos prontos física e psicologicamente, é inevitável que encontremos alguém — seja essa pessoa certa para nós ou não — e nos apaixonemos. A aquisição de símbolos só ocorre quando estamos prontos, mas a partir daí, ela é promovida por quem estiver disponível.

A infância apresenta bem mais momentos de facilidade para a aquisição de símbolos que os estágios subseqüentes da vida. Portanto, o que é colocado nos ambientes destinados às crianças influi em suas reações futuras. Os princípios do Tao, yin e yang e ch'i, nos quais se baseia o feng shui, propiciam alguma compreensão das influências exercidas pelas experiências formadoras. Ele se volta, em primeiro lugar, para a base da biologia e da cultura e só em seguida analisa as influências da cultura e da psicologia.

Ao longo de meus 25 anos de investigação do impacto que os ambientes exercem sobre as pessoas, desenvolvi algo que considero a **hierarquia piramidal** da impressão das influências do lugar — ou o que chamo de **feng shui da pirâmide**, uma alusão aos vários sistemas que constituem o todo. Cada forma depende do êxito na composição de suas partes. A dissecação do todo para visualização das partes é a base filosófica do feng shui da pirâmide.

Dito de maneira simples, essa pirâmide se constrói a partir das ciências físicas, da biologia humana, da cultura, da psicologia do indivíduo e dos fatos da vida.

Está certo dizer que "não há nada de novo sob o sol", já que todas as formas novas se baseiam em padrões fundamentais. Um *bit* de computador, por exemplo, funciona em grande medida como uma célula viva. O biólogo celular Bruce Lipton me disse que, quando começou a ler o manual de seu computador novo, percebeu que as informações tinham algo de familiar. Pegou um livro de biologia elementar na estante e folheou as páginas dedicadas às descrições mais básicas. Havia semelhanças impressionantes! Desde aquele momento, no início dos anos 80, Lipton vem percorrendo o país e esclarecendo suas platéias a respeito de como as propriedades físicas se baseiam em padrões que se repetem, sem cessar, de muitas maneiras. Para resumir, ao que parece, a complexidade do mundo não é infinita e o segredo para entender os vários processos está em apreender a estratégia fundamental e ver como ela se repete interminavelmente.

Segundo os princípios do feng shui, a água e o céu são azuis porque o azul exprime o caráter intrínseco a essas entidades. No feng shui nós atri-

As influências do lugar sobre as pessoas

buímos personalidade às cores e quando analisamos onde essas cores ocorrem na natureza vemos que a descrição de cada cor define precisamente o objeto. Por exemplo, o amarelo é a cor que melhor representa o sol e também a cor da *macula lutea*, a parte do olho que proporciona a precisão visual. No feng shui, quando queremos criar uma mensagem clara e coerente que propicie concentração e acuidade, usamos o amarelo. Não é coincidência que o lápis número 2 comum geralmente é pintado de amarelo, pois a psique coletiva é atraída pelos objetos que mais permitem uma determinada atividade. Num outro exemplo, a nutricionista Adelle Davis afirma, no livro *Let's Have Healthy Children*, que as crianças se alimentam instintivamente de forma equilibrada, a menos que sejam treinadas de outra forma. O ser humano, por natureza, luta para sobreviver e sempre escolhe aquilo que mais lhe permite desenvolver-se, a não ser quando tiver sido orientado em contrário.

Cultura

A cultura é um fator determinante, pois todos agimos de acordo com o que aprendemos. As crianças encontram mensagens de sua cultura, tanto macro quanto micro, em seus brinquedos, lares e escolas, bem como na programação da mídia e nas atitudes e mensagens que lhes são transmitidas pelos responsáveis por elas. Desde cedo, os seres humanos são treinados para acreditar que agir de uma determinada forma é certo e, de outra, não.

Se você por acaso já viajou para o exterior ou para outras áreas do seu país que sejam muito diferentes da sua, provavelmente sofreu algum tipo de choque cultural, que pode variar de leve a grave.

O livro *The Way We Are*, de Winifred Gallagher, é um ensaio sobre uma criança que encontrou na própria personalidade a chave para sobreviver a traumas físicos e emocionais precoces. Especula-se que a chave para o sucesso dessa criança estivesse em suas qualidades, dignas de uma verdadeira "estrela". Ao ser hospitalizada, ainda muito pequena, ela encantou tanto a equipe médica que foi "adotada" emocionalmente, passando a receber muito mais atenção que as outras crianças internadas. Conquistar o coração de todos os que a rodeavam foi uma vantagem decisiva; ela não apenas se recuperou, como até superou as expectativas quando tudo indicava o contrário. Reexaminando a questão da natureza em contraposição à criação, Gallagher fornece indícios aparentemente incontestáveis do quanto a nossa personalidade influi sobre a nossa vida.

> *Para mim, foi muito difícil a experiência de viajar pela Índia, pois quando cheguei não tinha nem informação nem vivência de sua cultura. Eu não sabia, por exemplo, que decepcionar as pessoas é considerado falta de educação. Assim, em vez de me dizerem que o trem pelo qual eu estava perguntando havia partido dez minutos antes, as pessoas respondiam com evasivas. Diziam algo como: "Ah, sim. É o trem da plataforma número 10" — e eu interpretava isso como o mesmo que: "Vá à plataforma 10 para pegar o trem". A cultura nos ensina como agir, mas nós não temos a mínima noção do quanto ela está entranhada na nossa educação. Só quando nos vemos diante de alguém que não foi treinado da mesma forma é que podemos vislumbrar o quanto estamos presos às regras da nossa própria cultura.*

Finalmente, as pessoas não são ilhas, e a situação histórica e geográfica em que nos inserimos ao nascer nos influenciam de várias maneiras. A experiência de meus pais com a Grande Depressão da década de 30 distorceu sua visão de segurança econômica. A minha, que é a de alguém que viveu uma época de prosperidade, não partilha de seu medo de pobreza nem de seu desejo de preparar-se para a possibilidade de futuras catástrofes. Os períodos de grande importância histórica, como as depressões e as guerras, pertencem a uma das categorias de eventos que têm impacto sobre as pessoas, mas igualmente importantes são os fatos da esfera individual e do círculo mais restrito da família, dos amigos e da comunidade.

Com 5 anos, eu tinha aulas de arte. Um dia, um colega me perguntou a que igreja eu iria no feriado que teríamos em breve. Quando eu lhe disse que era judia e que não freqüentava a igreja, enfrentei a minha primeira experiência de anti-semitismo. Foi uma coisa chocante. Aquela criança acusou a mim e a todos os meus ancestrais de diversas atrocidades das quais eu não tinha a menor idéia. Esse evento singular da primeira infância foi tão traumático, que depois, em vários momentos da adolescência, eu não quis admitir que era judia. Pode acontecer de o seu filho presenciar o incêndio da casa vizinha ou um acidente de carro ou ser vítima de uma agressão verbal muito forte. Todos nós passamos por experiências que determinam a nossa vida. A questão é procurar fazer com que as positivas sejam mais numerosas do que as negativas.

A vida é forjada dia a dia, fato a fato. Os pais têm a responsabilidade de estar conscientes do efeito disso sobre o universo dos filhos e de reagir de maneira adequada. Este livro lhe proporcionará mais flexibilidade e melhores condições de ser pró-ativo e de responder à criação de um ambiente que permita a aquisição positiva de símbolos a partir de elementos do espaço físico.

2

O Tao e os Três Estágios da Primeira Infância

Nosso modo de ligação a todos os processos e conteúdos do mundo físico é o princípio central do Tao. O *Tao*, palavra chinesa que significa "caminho", é, no seu sentido mais amplo, o modo como o universo funciona. É o caminho tomado pelos eventos naturais, fenômenos observáveis como o dia seguir-se, sem esforço algum, à noite e a água fluir invariavelmente de cima para baixo, até atingir o ponto mais baixo possível. Portanto, no seu sentido essencial, o Tao é "o ciclo de circunstâncias e eventos que manifesta um processo ou entidade".

De certa forma, as crianças são taoístas natas, pois a infância é a constante investigação e aceitação do modo como as coisas são. Essa investigação se processa através de estágios de complexidade e sofisticação cada vez maiores. Os pais devem conscientizar-se desses estágios e propiciar as experiências positivas apropriadas a cada um deles.

A comunicação não-verbal consiste numa simplificação reducionista das complexas abstrações simbólicas da linguagem e do significado em formas pictóricas. Fornecendo comunicação apropriada entre o conteúdo do mundo físico e a imaginação ainda não revelada da criança, os pais podem influir no desenvolvimento da auto-estima e no comportamento dos filhos.

Os períodos da infância abordados neste livro são os seguintes:

- estágio do Eu, Eu e Eu Mesmo (do nascimento aos 18 meses)
- estágio do Mágico (de 18 meses a 3 anos)
- estágio do Pé na Estrada da Razão (de 3 a 6 anos)

Esses três estágios de desenvolvimento são rapidamente descritos a seguir. Porém, como é do conhecimento de qualquer pai ou mãe, cada criança se desenvolve à sua maneira. Devemos levar em conta as inclinações individuais (sejam estas formalmente classificadas ou não). Além disso, certas crianças se demoram num determinado estágio, ao passo que outras passam por ele praticamente voando. No Capítulo 16, "Necessidades Especiais", são feitas algumas considerações específicas sobre quando é necessário levar em conta também determinados problemas físicos.

Eu, Eu e Eu Mesmo (do Nascimento aos 18 Meses)

Durante os primeiros 18 meses de vida, o bebê não tem um verdadeiro conhecimento do mundo além daquilo que estiver diretamente relacionado às suas necessidades físicas. O processo de aprendizagem da distinção entre si mesmo e os outros é um processo lento e contínuo, especialmente nos primeiros quatro meses. Durante esse período, é como se uma teia invisível fosse tecida entre o bebê e a mãe, ou seu principal substituto, por meio do contato físico, do olfato, do tato, da audição e da visão. Selma Fraiberg, ex-professora de psicanálise infantil da University of California School of Medicine, afirma em sua obra pioneira, o livro *The Magic Years*, que os recém-nascidos recebem um grande número de impressões por meio do contato físico com as pessoas mais próximas. Esses contatos contribuem para a formação da imagem que a criança tem de si mesma. Como ainda não existe memória visual, as experiências sensoriais se tornam a linguagem falada pelo mundo e pelos pais e outras pessoas.

Os pais podem lançar a base da sensação de segurança e proteção do filho, criando mecanismos para amortecer-lhe os choques da vida. Esse efeito de amortecimento torna-se evidente durante os primeiros meses de vida do bebê, quando as indisposições gástricas são acalmadas carregando-se o bebê no colo. Passado algum tempo, será mais fácil dar uma injeção na criança que estiver no colo do pai ou da mãe do que na que estiver longe deles.

Para promover experiências sensoriais compatíveis com a sensação de prazer, satisfação e proteção, inclua no ambiente de seu bebê odores, sons e texturas que se coadunem com essa idéia.

Olfato

Impregne um pouco do perfume que você usa nos lençóis e roupas do bebê. Um bom método é lavá-los com sabão inodoro, acrescentando um pouco do perfume à água do enxágue.

Vale a pena dar uma olhadinha na lista de perfumes apresentada no Capítulo 13, para verificar o que cada um transmite. A partir daí, você poderá inclusive optar por trocar de perfume, passando a usar sabonetes, condicionadores para o cabelo, cremes faciais etc., cuja mensagem seja a que você deseja transmitir. Certifique-se de que o ingrediente básico dos produtos usados transmita a mensagem que você pretende reforçar. Digamos que o objetivo seja a atitude de alerta e a lucidez — nesse caso, os sabonetes, sabões e amaciantes com odor de limão contribuirão para reforçá-lo.

Fique de olho nas possíveis reações alérgicas de um produto. O mundo ocidental moderno está cheio de produtos que contêm substâncias químicas que comprometem o sistema imunológico. Use sempre o produto verdadeiro, em vez de um substituto de origem química.

> *Susan Rundle, profissional de feng shui especializada em espaços infantis e radicada em Massachusetts, conta uma história do primeiro ano em que seu filho foi a uma colônia de férias. Em casa, ela costumava impregnar com seu perfume a fronha dele, pois o garoto dormia mais facilmente quando dispunha de uma ligação olfativa com a mãe. Então, quando ele foi para a colônia, ela mandou com ele uma fronha impregnada com seu perfume para facilitar a transição. Pouco depois, a psicóloga da colônia ligou, aflita, para dizer-lhe que o garoto precisava de outra fronha perfumada para poder dormir à noite. Felizmente, a colônia ficava a uma hora de casa e Susan pôde levar rapidamente outra fronha para o filho.*
>
> *Ela me contou que nunca se preocupou com esse apego (na verdade, sentia-se até lisonjeada) e que, por fim, o filho o foi superando naturalmente. Sem dúvida, o garoto é muito ligado em odores e tem no olfato uma das formas mais reconfortantes de entrar em contato com as pessoas queridas.*
>
> *Susan diz que, ao contrário do filho, a filha não tem nenhuma relação especial com o olfato, mas não consegue pegar no sono se não estiver ouvindo sons não-musicais (quase uma imitação do som de vozes). Observe as diferenças entre seus filhos, pois eles podem necessitar de estímulos sensoriais diferentes.*

Audição

A audição constitui a nossa primeira ligação com a vida fora do útero. O pulsar do coração, o borborigmo e a voz da mãe são transmitidos ao feto, mesmo que tenham de transpor camadas de pele e músculos.

Um dos primeiros livros de psicologia que discutiu uma experiência que visava analisar a eficácia das mães substitutas demonstrou, de maneira impressionante, a importância do som no desenvolvimento. Um grupo de filhotes de macacos recebeu objetos ocos de arame, recobertos com feltro, que continham um relógio. Um segundo grupo recebeu objetos idênticos, mas sem o relógio. Os filhotes do segundo grupo desenvolveram-se mais lentamente do que os do primeiro, criados ao som do tique-taque da substituta.

O som é um ingrediente essencial ao desenvolvimento. Incluindo o som no quarto do bebê, você lhe dará acesso a uma fonte de nutrição vital ao seu desenvolvimento. Eis algumas boas sugestões:

tique-taque do relógio	sons da natureza
metrônomo	móbiles que produzem som
música de percussão	sinos presos a portas
música clássica	mensageiros do vento

Tato

Como ocorre com todos os mamíferos, os humanos a princípio viviam ao relento. Nossa espécie surgiu originariamente em climas tropicais, que permitiam que a maioria das atividades fosse realizada ao ar livre, em contato direto com a natureza. Esse contato permite uma infinidade de experiências táteis, não apenas através dos pés, mas também de outras superfícies da pele. Brisas intermitentes, zonas mais frias em áreas sombreadas e o penetrante calor do sol propiciam variedade térmica em qualquer lugar. Sentar na terra é muito diferente de reclinar-se num gramado. Desse modo, a natureza nos propicia todo um leque de experiências físicas sutis e palpáveis.

As relações que envolvem o tato são fundamentais na primeira infância. Mesmo no apogeu do verão, algumas pessoas só se sentem bem ao dormir se usarem cobertor. Essa propensão decorre provavelmente da sensação de calor e segurança *in utero*, que encontra continuidade no ato de embalar o recém-nascido. Se as cobertas irritarem o seu bebê, dê-lhe algo pesado e quentinho, que possa imitar a sensação de conforto de um cobertor. "Vista" uma mamadeira cheia de água morna com um abafador de feltro. Coloque-a no berço para que o bebê possa enroscar-se nela. (Você poderá colocar umas gotinhas de perfume no abafador, aumentando, assim, o reforço do Tao.)

Vestir o recém-nascido da cabeça aos pés impede que ele tenha experiências e estímulos de ordem tátil. A criança que é exposta a diversas opções de materiais tocáveis normalmente se sente excitada e motivada. Ao selecionar roupas, lençóis e outros materiais que ficarão em contato com o bebê, procure diversificar ao máximo as texturas. Inclua itens que sejam:

macios
duros
enrugados
lisos

rígidos
quentes
frescos

O Mágico (de 18 Meses a 3 Anos)

Por volta dos 18 meses, as crianças começam a entender que nem sempre elas são a origem de tudo. Elas começam a perceber que seus poderes na verdade são limitados e que a satisfação de suas necessidades depende de terceiros.

É a aquisição da linguagem que convence o Mágico a mudar sua forma de pensar — pois quem, em sã consciência, iria abrir mão da sensação de controlar o universo sem que houvesse alguma vantagem muito atraente? A linguagem, ao que parece, constitui essa vantagem irrecusável. Por meio da linguagem, o mundo físico é avaliado e modelado para crianças que estão no estágio do Mágico. No início dessa fase, substantivos simples como *mamã*, *papá* e, talvez, o nome de algum alimento, do cachorrinho da família ou de um bichinho de pelúcia sejam o suficiente para a comunicação. Os verbos e os adjetivos ainda têm importância secundária diante da identificação dos objetos pelo nome.

Para tornar mais profunda a relação que a criança tem com o mundo físico, procure criar oportunidades de exploração de objetos variados, entre os quais alguns que fazem parte do cotidiano e outros menos comuns. Uma gaveta ou armário com cestas cheias de objetos assim podem ser colocados ao alcance da criança numa área destinada a atividades.

Objetos Comuns
talheres
potes
batedor de ovos
batedeira

xícaras
livros
relógios
papel

lápis de cor
cadeados
almofadas

Objetos Incomuns
caleidoscópio
molas
correias de elástico

pincéis de maquiagem
pinos (tamanhos variados)
redes

arame
peças de mecanismos mecânicos

No estágio do Mágico, a criança vai se fortalecendo pela presença de uma platéia. Portanto, outras crianças e adultos atentos devem estar presentes nessa fase de investigação do ambiente.

Esse é também o estágio em que a fantasia reina — portanto, o Mágico pode querer brincar menos com os objetos familiares ou mesmo com brinquedos cuidadosamente escolhidos, e mais com aqueles aos quais ele pode dar a forma que ditarem os caprichos de sua própria fantasia. Não é fácil abdicar de um reino. Pense em deixar à mão objetos que possam constituir uma ponte entre o Mágico e o ambiente real, mas que ao mesmo tempo possam ser usados no mundo da fantasia. Os objetos da lista a seguir podem ajudar a criança a converter a realidade em fantasia, algo que ela precisa fazer para poder transcender o estágio do Mágico:

pinos, bastões	esfregões	almofadas
lenços de papel	capachos	azulejos avulsos
retalhos de tecido (várias dimensões e texturas)	perucas	chapéus
	caixas de papelão (vários tamanhos)	sapatos (de adultos)
faixas de borracha para amarrar tecidos em bastões, bonecas etc	potes e panelas colheres banquinho	roupas coloridas (de adultos)

Não há sermões nem castigos, por mais bem-intencionados que sejam, que consigam controlar a curiosidade natural das crianças nessa fase. Seja indulgente quando elas explorarem a paisagem ao seu redor. Isso lhes permitirá desvelar os mistérios do mundo físico e, ao mesmo tempo, estimular sua fértil imaginação.

Pé na Estrada da Razão (de 3 a 6 Anos)

A distinção entre desenvolvimento físico e desenvolvimento social é que o **físico** ocorrerá a despeito das influências externas. A menos que haja alguma anormalidade do ponto de vista biológico ou total falta de contato humano, todas as crianças aprendem a rolar, sentar-se, engatinhar e andar. Os brinquedos e outros objetos, que propiciam o desenvolvimento natural, que estiverem por perto podem estabelecer um padrão de sucesso na utilização do ambiente. Lembre-se: com ou sem estímulo, o desenvolvimento físico segue seu próprio ritmo; portanto, é melhor acertar o passo conforme o que ele determinar.

Por outro lado, o desenvolvimento **social** — a evolução de ideais, padrões de conduta e do controle de impulsos e premências com base na aceitabilidade — é adquirido. Antes dos 3 anos, nenhuma criança tem motivação para não ser egoísta ou dominar o próprio gênio. Aprende-se a ser "bonzinho" pelas reações observadas e pelo incentivo recebido.

Porém, por volta dos 3 anos de idade, início do estágio do Pé na Estrada da Razão, inculca-se o autocontrole a partir da aprovação ou desaprovação dos adultos. Nessa fase começa a formar-se uma consciência independente — ou uma noção de individualidade —, permitindo que as crianças comecem a distinguir entre elas e os outros. É aqui que a criança começa a desenvolver aquilo que Sigmund Freud (1856-1939) chamou de *superego*, que absorve o que é ensinado e esperado. A reação apropriada torna-se parte intrínseca do comportamento infantil. Numa definição elementar, o superego constitui a assimilação dos desejos dos pais.

Por exemplo, uma criança de 2 anos de idade não teria a menor noção de que retirar a carteira da bolsa da tia que está fazendo uma visita é considerado roubo. Mas, um ano depois, a mesma criança pode olhar para os lados antes de colocar a mão na jarra de biscoitos.

Nesse estágio, o Tao se expressa pela aquisição do processo social. Como se pode elogiar uma criança quando ela atinge padrões sociais? Que manifestações físicas podem ressaltar a aprovação e o reconhecimento diante de um salto que ela dê rumo à socialização?

A **recompensa** é uma manifestação palpável do Tao: ela nos liga ao comportamento socialmente aceitável. Procure dar recompensas que não sejam comida ou brinquedos, como, por exemplo:

Sugestões de Recompensas dentro do Espírito do Tao

estrelas	figurinhas
fitas	uma atividade fora da rotina
flores	realizada ao ar livre, como uma
um passeio a pé	escavação arqueológica no quintal
um acontecimento especial	ou uma caminhada em busca de
	rastros de animais

Durante o estágio do Pé na Estrada da Razão, ocorre um processo integral. As crianças começam a entender a singularidade de sua própria mente e a compreender que ela é uma força a ser utilizada. Começa a ganhar forma o conceito de que "eu sei que eu sou eu". A percepção da individualidade se manifesta no fato de a criança saber que os outros podem ou não gostar das mesmas coisas que ela. A observação das características que tornam os outros diferentes é um estágio importantíssimo no desenvolvimento humano, pois a noção fundamental do eu decorre da compreensão de que esse eu é algo separado e distinto.

Durante esse estágio, as crianças aprendem a respeito de si mesmas. "Em que eu sou diferente?" "Em que se baseia a minha singularidade?" Muitos pais inferem que os filhos estão se fazendo essas perguntas e tentam satisfazê-los permitindo que eles escolham suas roupas ou comprando móveis e acessórios com o seu aval.

> *Na primeira vez que participei de uma colônia de férias, as garotas do meu dormitório tinham turnos para as atividades de limpeza e arrumação. Após semanas de queda na disposição para essas tarefas, nossa psicóloga teve a bela iniciativa de criar um quadro que listava os nomes das meninas, os dias da semana e cada uma das atividades — além de espaço para estrelinhas. E então passou a colocar uma estrela de ouro ao lado do nome de cada uma que realizava bem a sua tarefa diária. No final da semana, as que tinham sete estrelinhas ganhavam um presentinho qualquer.*
>
> *A psicóloga lançou mão de dois aspectos do desenvolvimento social das garotas norte-americanas de classe média: a vontade de se sobressair e o desejo de receber presentes.*

Esses pequenos passos são um excelente começo para um reconhecimento mais rico da individualidade.

À medida que essa individualidade começa a ganhar forma, as crianças passam a encarar o ambiente físico como um aliado e um intérprete de seu próprio íntimo. Na infância, o eu é como um tesouro que está no fundo do mar e, de repente, é trazido à superfície. Para uma criança tudo é novidade. Geralmente o impacto de experimentar algo pela primeira vez é imediato, mas às vezes pode ser mais lento. Muitas vezes a criança adora uma coisa no primeiro instante e logo em seguida a atira longe — é possível que ela esteja desenvolvendo uma percepção gradual do objeto. Assim como a torta que está na vitrine pode parecer irresistível até o momento em que é provada, por vezes a criança rejeita um objeto ou experiência desejados logo após testá-los. Proporcione ao seu filho oportunidades de avaliar diferentes experiências para aumentar a probabilidade de que ele descubra um interesse não-manifesto. Abaixo são apresentadas três categorias de objetos que permitem a exploração do Tao do conteúdo. Alguns exemplos:

Objetos que revelam outro aspecto quando abertos, descascados ou montados
- laranjas
- caixas dentro de caixas
- portas, gavetas e objetos dobráveis

Objetos que se engancham, fazendo com que uma peça se torne parte de outra
- correntes de papel
- contas ou salgadinhos enfiados num cordão
- quebra-cabeças

Objetos que podem ser usados de mais de uma maneira
- a mão cuja sombra se transforma num boneco
- a folha de papel que se torna um aviãozinho
- a colher que vira uma atiradeira
- o cordão que se transforma numa cama-de-gato

Ao fim do estágio do Pé na Estrada da Razão, a criança atingiu razoável grau de sofisticação e possui um eu definido. Talvez o mais difícil para os pais seja separar a sua própria visão do que seja o eu da visão de seus filhos. O Tao de cada um de seus filhos será diferente do seu e do de outros membros da família. Conscientizar-se dos próprios preconceitos e propensões e respeitar os traços divergentes dos filhos é um desafio contínuo para os pais.

Finalmente, é contribuindo para que seu filho perceba a diversidade dos processos de vida que você pode ajudá-lo a fortalecer o próprio eu. Para que ele aprofunde o conhecimento do ambiente que o cerca, propicie-lhe as mais variadas oportunidades de descobrir os processos e suas conseqüências. Essas oportunidades é que proporcionarão a ele a confiança para explorar o futuro.

3

Yin e Yang
A Medida do Equilíbrio

A variedade enseja a riqueza. Na natureza, os locais em que a mesmice se repete sem fim são considerados extremos e pouco habitáveis. A aridez do deserto do Gobi, com seu sol inclemente, o frio cortante do Ártico e a completa escuridão das cavernas inexploradas são desafios à simples sobrevivência humana. Ter um pouquinho de cada coisa revela-se melhor do que ter demais de qualquer uma. Yin e yang são conceitos que representam lados opostos de um mesmo pólo e definem os extremos pelos quais podem passar a visão, o olfato, a audição, o tato, o movimento e o comportamento.

Todas as cores, formas, padrões, sons, odores e texturas podem ser medidas no *continuum* que existe entre yin e yang. As experiências de caráter yin são basicamente aquelas que induzem à tranqüilidade e exigem pouco esforço, enquanto as experiências de caráter yang são aquelas que nos enchem de energia e nos induzem à ação. Para lembrar-se de que o yin proporciona mais experiências interiores que o yang, procure associá-lo à inspiração, um momento que exclui a verbalização, pois, quando inspiramos, não podemos falar. O yang é como a expiração, é como ganhar fôlego para verbalizar. Portanto, nas experiências yang é provável que a ação seja expressa ou empreendida por nós. Uma reação yin típica ao prazer é a de arrepiar-se; uma yang é a de dar pulos e gritar. Yin e yang representam os extremos de comportamento de um *continuum* de possibilidades.

Experiências Yin e Yang

Yin inspira as crianças a serem

calmas	ensimesmadas
indolentes	imóveis
caladas	equilibradas
pensativas	sonolentas

Yang inspira as crianças a serem

excitadas	sociáveis
elétricas	ativas
falantes	vorazes
"dadas"	alertas

A cor é um dos instrumentos mais comuns na expressão do yin e do yang num ambiente. O vermelho, por exemplo, é geralmente uma cor yang, que incita à atividade e à vida. Entretanto, um vermelho verdadeiro, bem vivo, é muito diferente de um apagado vermelho-ocre. Dentro da personalidade, digamos assim, do vermelho, o vermelho verdadeiro é yang e o vermelho-ocre é yin, dentro da extensão e da profundidade da mensagem do vermelho.

Ao escolher uma cor para decorar um quarto infantil, seja na pintura, nas roupas de cama ou nos acessórios, leve em conta as informações da tabela ao lado. Primeiro observe qual a mensagem geral de cada cor e, depois, faça a sua opção entre as qualidades yin e yang da cor escolhida.

Toda cor pode, potencialmente, ser mais yin que yang dentro do contexto de sua mensagem geral: quanto mais vivo o vermelho, mais ele excita. Os fabricantes tendem mais às cores yang nos móveis e acessórios infantis. É mais fácil encontrar lençóis, papel de parede e mobília para crianças em cores yang bem vivas do que nas pálidas, discretas e profundas cores yin. Embora os energéticos ambientes yang sejam benéficos para muitas crianças, existem as que ficam superexcitadas com as cores yang. A menos que seu filho seja claramente tímido, tenha medo de se entrosar ou tenda a evitar atividades em grupo, é bem melhor não se arriscar e selecionar cores yin para o quarto dele.

Apesar de termos nas cores um dos principais instrumentos para usar o yin e o yang na criação de um espaço físico, há outras coisas a considerar. A lista na página ao lado classifica como yin ou yang alguns dos itens e características mais comuns nos lares.

Personalidade Yin ou Yang das Cores

Cor	Personalidade	Yin (escura ou apagada)	Yang (clara e viva)
Vermelho	Ativa e realça	Deflagra a expressão da sensibilidade diante das pessoas	Estimula a atividade
Amarelo	Proporciona a lucidez e o otimismo	Ajuda na concentração	Estimula a análise aberta
Azul	Propicia a calma e o equilíbrio	Estimula o ensimesmamento	Infunde orgulho na personalidade
Verde	Estimula a aprendizagem e a mudança	Orienta a mudança interior	Orienta o aprendizado pela prática
Laranja	Cria o desejo de fazer parte de um grupo	Promove a aceitação das opções alheias	Cultiva o desejo consciente de fazer parte de um grupo
Roxo	Estimula a exploração do desconhecido	Orienta o questionamento do incomum	Orienta a aceitação do incomum
Rosa	Proporciona tranqüilidade e diminui o medo	Acalma as emoções	Reduz o choro e as reações físicas ostensivas
Marrom	Estabiliza e irradia segurança	Gera a sensação de segurança	Deixa transparecer uma base sólida
Branco	Ativa a expressão do próprio eu	Estimula a atividade mental	Incentiva a busca de respostas
Preto	Sugere o desconhecido	Atemoriza	Estimula a coragem

Yin e Yang em Itens Comuns nos Lares

Conteúdo Tipicamente Yin num Lar	Conteúdo Tipicamente Yang num Lar
Áreas de pouca iluminação, como corredores e locais com controle de *dimmer*	Áreas bem iluminadas
Excesso de objetos, dificultando os movimentos e a passagem	Brinquedos que estimulam grande atividade motora
Pouca mobília e acessórios ou espaços que não são complexos	Janelas sem cortinas
Janelas com tratamento para filtrar a luz exterior	Animais, pessoas e atividades simultâneas
	Aromas frescos e energizantes, como pinho, menta e limão

Silêncio	Assoalhos polidos
Temperaturas mais baixas	Muitas opções e pouco atravancamento
Janelas ou brisas encanadas	Superfícies firmes, que oferecem resistência
Aromas fortes, como os de alimentos cozinhando	Formas ousadas, contrastantes, padrões com repetição de motivos grandes
Carpetes	Grande variedade de objetos para escolha
Mobílias e acabamentos estofados e acolchoados	Móveis de diferentes dimensões
Cores lisas, padrões com repetição de motivos pequenos ou abstratos	Cama alta (beliche)
	Paredes, tecidos, móveis e acabamentos brilhantes
Vazio, opções limitadas	Forte iluminação no teto
Ausência de móveis grandes ou altos	Grande quantidade de janelas
Cama baixa	
Ausência de materiais ou de acabamentos brilhantes	
Janelas pequenas	

Experiências Yin e Yang em Texturas

Yin	Yang
Delicada	Áspera
Molhada	Seca
Trama aberta	Trama fechada
Dobrável	Rígida
Crespa	Sedosa
Lisa	Rugosa, enrugada

A fim de equilibrar as tendências naturais de seu filho, uma solução seria colocar no ambiente mais objetos que constituam o oposto de sua personalidade. Se ele tiver problemas de auto-estima ou for hesitante e tímido, você poderá fazer com que a atmosfera seja compatível com a natureza dele, seja ela yin ou yang. Não é preciso seguir tudo o que está nas tabelas. Escolha com critério e, se tiver de fazer mudanças, faça isso aos poucos para poder observar como a criança reage.

É possível estimular ou controlar os padrões de comportamento de uma criança a partir do seu ambiente. Isso nos ajuda a criar espaços que sejam apropriados ao comportamento que queremos reforçar. Quando quiser acalmar uma criança, use yin. Se o objetivo for estimulá-la, use yang.

Observe a repetição de padrões em termos de yin e yang: a de motivos pequenos tende ao yin, ao passo que a de motivos grandes tende ao yang.

Observe de que forma a introdução de elementos yin e yang nos espaços abaixo pode influir sobre o comportamento da família.

Área das refeições, onde a família normalmente come:
Acrescente yin, caso queira diminuir a balbúrdia.
Acrescente yang, caso queira estimular a conversa.

Principal área de convivência, espaço em que a família costuma ficar a maior parte do tempo:
Acrescente yin, caso queira que as pessoas relaxem e se concentrem em seus próprios projetos.
Acrescente yang, caso queira estimular conversas e atividades mais animadas.

Quarto de dormir, onde seu filho dorme e/ou brinca:
Acrescente yin, caso queira que ele o use basicamente para o sono e atividades mais tranqüilas.
Acrescente yang, caso queira estimulá-lo a brincar mais no seu próprio quarto.

É possível ainda criar yin e yang no mesmo espaço. Por exemplo, uma parede do lugar de reunião da família pode ter uma área yin — nela deverá haver, por exemplo, estantes com livros e acessórios maciços e pesados e iluminação indireta mediante alguns *spots*. Outro canto do mesmo aposento pode ter uma área yang: uma mesa de jogo em madeira clara e polida, ao lado de um pôster colorido e muito bem iluminado por uma luminária, por exemplo. O toque yin ou yang de cada área seria adequado às atividades pretendidas para ela. Assim, eles podem ser usados em diferentes ambientes para incentivar o tipo de atividade que você quer que a criança realize ali.

Nas listas abaixo, encontram-se classificadas como yin ou yang diversas atividades típicas da infância. Você poderia incrementá-las, criando atmosferas yin ou yang, conforme o caso.

Atividades Mais Indicadas para Atmosferas Yin

pintar	investigar
montar blocos	brincar em silêncio
dormir	ouvir
ler	cochilar

Atividades Mais Indicadas para Atmosferas Yang

atividades físicas	agir
jogos falados	reagir
disfarces	interagir

Use yin e yang como auxiliares na criação de um espaço que esteja de acordo com as necessidades e tendências do seu filho. Tudo o que existe na sua casa vibra de forma yin ou yang — o simples fato de mudar um quadro de lugar ou camuflar uma cor (jogando uma manta sobre uma poltrona, por exemplo) pode dar início ao processo de tornar qualquer espaço mais alinhado com as necessidades da criança.

4

O Ch'i e os Sentidos

Ch'i é uma palavra chinesa que designa a "energia vital". No feng shui tradicional, ela é usada (de forma um tanto livre e difícil de precisar) para descrever como a energia boa ou má circula num espaço físico. No feng shui da pirâmide, tentamos definir o *ch'i* da forma mais específica e científica possível, pois ele não é impreciso: o ch'i é a forma como os nossos sentidos captam experiências provenientes do ambiente; é algo que vemos, ouvimos, sentimos ou inspiramos; é a forma como nos movemos dentro de um determinado espaço. Portanto, quando na literatura do feng shui que não se baseia na pirâmide se diz que "o ch'i sai pela porta", na verdade isso significa que sentimos os nossos mecanismos visuais, auditivos e cinestéticos serem atraídos em direção à porta. "Como captamos o ambiente físico" é uma maneira mais precisa de definir o conceito de ch'i. Todos os móveis, pinturas, acessórios, brinquedos ou padrão de tecidos têm uma mensagem ch'i implícita.

O Ch'i dos Sentidos

Você já teve a chance de entrar numa sala cheia de crianças e perceber imediatamente a diversidade que existe entre elas? A aparência física é o que percebemos primeiro. São meninos ou meninas, altos ou baixos, ágeis ou pesados? Percebemos essas coisas primeiro pelo movimento. O sentido que vem depois da visão é a audição. Percebemos mais rápido as crianças que estão falando, cantando, choramingando, rindo ou gritando do que as que estão em silêncio. Entremeado a essas primeiras percepções vem o olfato. Num átimo, somos capazes de perceber claramente o ch'i de muitas crianças.

O modo como nos expressamos é o nosso ch'i individual, e o modo como observamos outras pessoas ou os ambientes é a nossa maneira de absorver o ch'i que emana deles. Nosso modo de captar o ch'i de um objeto é o nosso modo de avaliar as experiências ambientais.

A infância é cheia de episódios de comunicação não-verbal. Assim, é essencial entender o ch'i dos sentidos. Já que o ch'i é transmitido pelo conteúdo do ambiente físico, é igualmente essencial conhecer suas mensagens implícitas. Freya Jaffke, especialista da Waldorf School, diz: "Se não contarem com proteção, as crianças pequenas ficam à mercê do ambiente. Todo o seu corpo funciona como um único órgão sensorial que, desprovido de qualquer consciência de si mesmo, junta as impressões do exterior ao seu mundo interior. As crianças estão sempre alertas do ponto de vista sensorial, captando de uma só vez as impressões visuais, auditivas, olfativas e táteis, e as possibilidades de movimento, ao contrário dos adultos, cujas experiências anteriores quase sempre limitam o acesso à percepção sensorial. Por exemplo, minha mãe é mestra em descartar os sons, em parte por causa das freqüentes discussões entre os pais — algo que ela preferia ignorar a reconhecer.

Um brinquedo sempre é mais interessante e usado quando satisfaz vários sentidos. A criança pode reagir a um brinquedo porque ele é macio, pode ser apertado ou emite sons agradáveis. Na verdade, quanto mais aporte sensorial ou de ch'i tiver um brinquedo, mais fascinante ele parecerá aos olhos de uma criança pequena. Quantos brinquedos bonitinhos que não têm mais nada a oferecer além da beleza não são deixados de lado?

A Hierarquia das Necessidades Proposta por Maslow

Abraham Maslow, eminente fisiologista behaviorista, criou uma hierarquia de necessidades na qual classifica um ambiente físico em relação à sua importância para os seres humanos. Partindo da necessidade básica da sobrevivência, ele teoriza que não se pode ir galgando os sucessivos estágios da condição humana se cada um dos estágios precedentes não for satisfeito.

Necessidades Fisiológicas

Os pais precisam ter certeza de satisfazer as necessidades básicas dos filhos de acordo com uma hierarquia de importância, para que as crianças possam concentrar-se em níveis cada vez mais elevados. A integridade fisiológica é o ponto zero. Se a criança não tiver condições biológicas de sobreviver, nada mais importará.

Às vezes, passamos por experiências que põem em risco a nossa sobrevivência. Pode ser um acidente, uma doença ou até uma febre muito alta. O mais impressionante é que, nesses momentos, pouca coisa importa. É preciso a máxima concentração para que possamos superar, suportar ou minorar um momento de crise. Não é preciso dizer que a integridade física é um imperativo para que consigamos galgar o estágio seguinte. As condições abaixo podem permitir a criação de um ch'i negativo, do ponto de vista fisiológico:

desconforto térmico
contato inadequado ou prejudicial com as pessoas
muito ruído
desatenção às funções corporais ou ao desconforto físico

A proteção das crianças contra o ch'i negativo pode ser específica (instalar uma grade para evitar que o bebê caia da escada, por exemplo) ou nem tanto (como evitar que ele fique exposto a ruídos da tevê, do rádio ou do trânsito). Em geral, basta pensar que as crianças devem ser protegidas contra experiências que têm diferenças marcantes em relação ao que normalmente se encontra num cenário natural benéfico. Por exemplo, o mofo, o frio, o vento encanado ou as farpas de assoalhos de madeira ressecada são elementos que podem acabar com a exuberância natural das crianças, causando alergias e outras complicações. No Capítulo 17, "Casas Não-tóxicas", há mais informações a respeito da segurança ambiental.

Do ponto de vista científico, a casa contém diversos elementos potencialmente irritantes. Para evitar que o ch'i infantil seja afetado por irritações de ordem física, esteja atento ao seguinte:

O Ch'i Negativo e Seus Efeitos

Possível Fonte	Possível Efeito
Sons que promovem dispersão (ex.: televisão)	Impedem que a criança se concentre em si mesma
Sons altos (ex.: aspirador de pó)	Medo
Sons ininterruptos (ex.: lavadora/secadora, trânsito)	Tensão
Calor (ex.: forno, computador, ferro elétrico)	Queimaduras e desconfiança
Espaços vazios	Apreensão por falta de segurança
Espaços abarrotados e desarrumados	Sensação de sufocamento
Fechaduras automáticas	Sensação de aprisionamento
Móveis com quinas pontiagudas	Machucados

A Sensação de Pertencer

A hierarquia de Maslow considera como a necessidade seguinte a sensação de pertencer a um grupo. Pode-se argumentar que um bebê não tem conhecimento das estruturas que mantêm os agrupamentos sociais. Mas os pais conhecem muito bem a hesitação dos filhos diante de estranhos. Um exemplo muito comum é a reação das crianças pequenas aos desconhecidos. A visão súbita de uma barba ou de óculos no rosto de um adulto pode ser interessante para as crianças maiores, mas a reação instintiva de muitos bebês é retesar os músculos do corpo todo e soltar um grito. Com o tempo, geralmente camuflamos as reações mais explícitas contra pessoas ou coisas desconhecidas. Mas a questão é que o medo é uma reação comum ao que não é familiar. Nossa forma de apresentar as novidades e integrar as crianças às novas situações tem muito que ver com o seu futuro sucesso ao lidar com novas situações e sentir-se membros do grupo.

O conceito de ser parte implica o de ser compreendido. Se você já viajou para um país estrangeiro e tentou comunicar seus desejos, então sabe o que as crianças que estão na fase pré-verbal sentem o tempo todo. Sem bases comuns, é impossível demonstrar necessidades sutis. Se um gesto (digamos, o de levar comida à boca) pode resolver uma lacuna lingüística entre adultos, o mesmo podem fazer os pais usando sons repetitivos para suprir uma lacuna lingüística entre bebês e adultos. A partir daí, se cantar uma canção pode acalmar um bebê que está sem sono, então tocar uma música suave poderá acalmá-lo em outras situações.

Você, enquanto pai ou mãe, deve procurar de todas as formas evitar que seu filho se sinta ignorado ou excluído. Para fazer com que ele se sinta cada vez mais um membro da família, leve em conta as seguintes considerações:

Considerações sobre o Ch'i do Pertencer
Certifique-se de que a criança esteja
- incorporada às reuniões sociais, pondo uma cadeira infantil ou um cobertor para ela no centro, e não nos cantos da sala
- se sentindo compreendida, colocando pertences seus em locais de destaque na casa
- sendo muito bem atendida em suas necessidades físicas, mantendo suas cobertas, suas músicas, seus alimentos e brinquedos preferidos em áreas importantes
- tendo oportunidade de interagir com pessoas de diferentes personalidades e idades, para aumentar sua segurança diante de todo tipo de situação

> *Lembro-me de que, quando era criança, meus pais punham uma mesa à parte para nós nos encontros da família. Isolando as crianças da festa dos adultos, eles nos transmitiam uma mensagem muito clara de que não éramos tão importantes quanto eles.*

Auto-estima

O que vem a seguir na hierarquia de necessidades é o desejo dos pais de ajudar os filhos a ter auto-estima. Em todas as situações que a criança conseguir dominar haverá elementos que contribuirão para aumentar sua auto-estima. Na maioria dos casos, a mecânica normal da vida exige que nós aprendamos a executar algum processo. Para ser capaz de negociar com sucesso no mundo físico, a criança deve aprender a girar maçanetas para abrir portas, dar descarga no vaso sanitário, trabalhar a massa e enrolar biscoitos, colar papéis e empilhar bloquinhos de brinquedo, só para citar alguns exemplos. Aquilo que você, como adulto, tem como ponto pacífico, para a criança é, em algum instante, um mistério a ser resolvido. Tendo isso em mente, use de sensibilidade e não tenha pressa quando a criança fizer as coisas pela primeira vez. Quase tudo o que fazemos rotineiramente é aprendido e, portanto, constitui uma oportunidade para cultivar a auto-estima. Preste atenção às seguintes idéias.

> *Lembro-me da primeira vez em que carreguei Zachary, meu filho, para que ele visse um interruptor de luz. Eu o desligava e dizia: "Desligou"; ligava-o e dizia: "Ligou". Fiz isso umas dez vezes antes de pegar sua mãozinha e fazê-lo "ajudar-me" a ligar e a desligar a luz. Depois que ele memorizou o processo, coloquei uma cadeira sob o interruptor e sugeri que ele subisse para ligar e desligar a luz sozinho. Ele abriu a boquinha num sorriso imenso quando conseguiu. Havíamos feito um ponto e tanto no quesito auto-estima.*

Oportunidades Ambientais Mais Comuns na Criação de Auto-estima
Ligar/Desligar interruptores de luz
Girar maçanetas
Dar descarga no vaso sanitário
Abrir/Fechar torneiras

Girar chaves em fechaduras
Abrir/Fechar a porta da garagem com o controle remoto
Colocar água de uma jarra numa caneca

E existem inúmeras outras oportunidades. Incentive seu filho a realizar algumas atividades domésticas comuns. Cozinhar é um bom exemplo. Trabalhar massas, cortar um pedaço de manteiga ou misturar massa de bolo são coisas que enchem de prazer as crianças. Listamos abaixo algumas tarefas em que seu filho pode ajudar desde cedo:

Tarefas Comuns que Propiciam Oportunidades para a Criação de Auto-estima

arrancar folhas de alface do talo	brincar com bloquinhos
trabalhar massas	revolver a terra
cortar a manteiga com uma faca sem fio	plantar sementes
	colher flores
misturar massa de bolo	colocar flores no vaso
descascar ervilhas	molhar plantas
enxugar utensílios	alimentar animais de estimação
pôr a mesa	varrer
fazer colagens	espanar
pintar	

Em geral, qualquer atividade adulta pode representar uma oportunidade para aumentar a auto-estima de seu filho. As crianças nunca se recusam a realizar uma atividade, a menos que tenham medo ou percebam que o adulto que procuram imitar a detesta. Se o seu filho não quer ajudá-lo a varrer ou espanar a casa, provavelmente você lhe transmitiu algum dissabor diante dessa atividade.

A auto-estima das crianças aumenta quando elas têm permissão para dar um toque pessoal no que fazem. Elas adquirem habilidades básicas, mas nem todas fazem tudo do mesmo modo. Até mesmo escovando os dentes, que é algo tão rotineiro, elas podem ser muito diferentes. Deixe que seus filhos façam as coisas a seu próprio modo. Contanto que não se machuquem, deixe que se entreguem às coisas da maneira mais natural possível. Sua auto-estima será reforçada a cada vez que eles arrumarem e cuidarem das coisas que os rodeiam a seu próprio modo.

Para desenvolver a auto-estima de seus filhos, deixe que eles escolham as cores de seus próprios lençóis, cobertas, cortinas ou papel de parede

decidam quais os brinquedos que querem manter no berço ou na cama

façam suas refeições na mesa dos adultos

se sentem em cadeiras de dimensões apropriadas em todos os locais de reunião da família

exibam seus objetos favoritos nesses locais

escolham as próprias roupas

escolham os livros que você lerá para eles

Auto-realização

O teste primordial da individualidade está na arena da realização. O que você pode fazer para que seus filhos se tornem eles mesmos, plenamente e sem impedimentos? "Free to Be You and Me" [Livre para Ser Você e Eu] o título de um álbum de canções para crianças de Marlo Thomas só tem sentido quando as crianças podem escolher. A primeira paisagem da criança é o lar, o local onde ela pode testar a si mesma com proteção e, ao mesmo tempo, sem obstáculos criados por normas desnecessárias. A auto-realização surge quando a criança tem a oportunidade de enfrentar situações variadas; quando ela tem permissão para aprender e para ser capaz de determinar seus próprios objetivos. A auto-realização é o elemento mais importante para a satisfação, pois quando são capazes de ser elas mesmas, as crianças conquistam a força interior necessária para resistir a qualquer problema na vida.

Quando eu tinha 1 ano, preferia tomar primeiro o leite, depois o purê de maçã e, por último, me servir do prato principal. Minha mãe ficava louca, pois achava que o leite e o purê deviam ser consumidos depois do prato principal. Até hoje ela lembra a guerra diária que tínhamos por causa do que eu devia comer primeiro. Eu apontava para o leite e o purê, gritando: "Leite, maçã, carne!", mas ela não arredava pé em termos da ordem que achava certa — carne antes do resto. Naquela época, eu tinha dobrinhas nas pernas, sendo assim, ela não podia estar preocupada que eu fosse morrer de fome. Será que a minha mãe tinha medo de que eu nunca conseguisse aprender a comer na ordem certa? Será que ela via isso como uma luta pelo controle e queria ganhá-la? O mais provável é que eu estivesse com sede e precisasse beber antes de comer. Há certas batalhas que simplesmente podem ser evitadas.

A auto-realização floresce quando há oportunidades para experiências com muitas coisas diferentes, e não apenas brinquedos. A diversidade da experiência está na capacidade de aprender, de usar e integrar o que é criado pela natureza ao que é construído pelo homem. Gravetos, água, pedras, galhos, terra, conchas, frutas e insetos são alguns dos itens encontrados no exterior que podem ser trazidos para o interior. Potes, panelas, toalhas, lençóis, vassouras, baldes, relógios, almofadas, mantas, colheres, papel, tesouras de ponta arredondada, lápis, fita adesiva, bijuteria, luvas, fantasias e sapatos velhos são tão importantes quanto qualquer brinquedo que se venda nas lojas. A auto-realização das crianças atinge o máximo quando elas têm permissão para brincar com os objetos durante todo o tempo que quiserem.

Nossos primitivos ancestrais só precisavam de três ou quatro dias por semana para as atividades essenciais da subsistência — o restante, eles empregavam na socialização. Os seres humanos de hoje têm muito mais coisas de que cuidar e, apesar de todos os aparelhos que nos poupam o trabalho, muito menos tempo para o lazer. As crianças sentem o efeito das exigências do dia-a-dia tanto quanto os adultos. Nem sempre se deve forçá-las a observar limites de tempo. A pessoa saudável seja adulto ou criança, sabe quando dormir, quanto comer e quando se cansou de uma determinada atividade. Excetuando as atividades passivas, como assistir tevê, em geral as atividades que as crianças têm num dia são variadas o suficiente para assegurar diversidade de experiência. Dentro de alguns limites, deixar as crianças decidirem suas atividades e dar-lhes um certo poder de decisão — por exemplo, quando começar e quando parar de brincar — contribuirá para aumentar sua auto-estima e seu grau de auto-realização.

Dê a seus filhos a oportunidade de explorar livremente o mundo que os rodeia, dentro de horários que estejam de acordo com a sua individualidade. A auto-estima deles se reforça com o desafio de adquirir mais capacidades nas áreas que mais apreciam. A criança que adora atividades com muito movimento terá nos blocos leves um meio fantástico de explorar o equilíbrio e a capacidade de previsão. Por outro lado, a que arruma as migalhas da mesa em filas vai gostar de treinar a destreza com blocos do tamanho de dados. Se não dermos às crianças a chance de explorar a variedade, talvez não possamos descobrir o que elas realmente preferem.

Finalmente, a auto-realização avança quando os pais reconhecem as metas que a criança traçou para si mesma. A maioria dos pais despeja montanhas de elogios sobre o filho quando ele dá seu primeiro passo. Sempre é fácil aplaudir a primeira vez. Mas depois da primeira vem toda uma série de variações igualmente dignas de nota e de elogio. Os sucessos desta vida vêm da determinação para repetir a prática até que ela atinja a perfeição.

Antes que a criança aprenda a pôr uma mesa, colocar o guardanapo perto do prato já é por si só uma façanha. Segurar o copo é o objetivo que antecede o beber. A oportunidade dos pais para estabelecer metas e prêmios está nas tarefas que, depois, serão tidas como o mínimo indispensável.

Pré-requisitos	Habilidade Final
Rolar, segurar na grade do berço e equilibrar-se com pés e mãos	Sentar-se
Balançar-se de joelhos, para a frente e para trás, apoiado em algo	Engatinhar
Engatinhar, agachar-se e levantar-se apoiado em algo, caminhar no andador	Ficar de pé
Bater palmas, agarrar um objeto	Segurar a mamadeira ou a caneca
Gorgolejar e emitir outros tipos de som	Falar
Separar, desenroscar, encher e esvaziar	Compreender a complexidade

Como Propiciar um Bom Ch'i

Todo ch'i tem, potencialmente, a capacidade de ser bom ou mau. Entre as experiências que produzem o mau ch'i estão aquelas que não aumentam a auto-estima, não estimulam a sensação de pertencer nem a de segurança e podem causar danos físicos. A criança cujo quarto tem móveis grandes ou altos aprende a pensar que é impotente e insignificante. Arrolamos abaixo os itens cujo ch'i é potencialmente negativo:

    enfeites colocados muito alto
    acabamentos com cantos voltados para a cama, o lugar na mesa ou o local onde a criança costuma brincar
    gavetas pesadas demais
    maçanetas grandes demais para as mãos da criança
    pisos escorregadios
    vento encanado
    objetos com fios elétricos enrolados

Procure sugerir atividades levando em conta o ch'i natural de cada criança. Por exemplo, se quiser que uma criança irrequieta aprenda a contar, não a obrigue a ficar sentada para aprender isso. Espalhe estrategicamente objetos que ela possa contar pelo quarto e estimule-a a ir até eles e a tocá-los.

Para descobrir quais os sentidos que seu filho mais usa para captar o mundo físico, observe como ele reage às novas experiências. Ele costuma virar a cabeça ou percorrer o ambiente com os olhos quando entra num local desconhecido? Ele se mostra fascinado pelo som da voz das pessoas? Cheira o alimento antes de levá-lo à boca? Não abre mão de um brinquedo "reconfortante" no berço para abraçar? Da mesma forma que você perguntaria a um adulto o que ele levaria para uma ilha deserta, procure observar que experiências sensoriais têm o efeito de tranqüilizar o seu filho ou são o principal elo de ligação entre ele e o ambiente.

O ch'i é captado pelo sistema sensorial das pessoas. Partindo do princípio de que todos os sentidos estão em seu perfeito funcionamento, constata-se que a visão é o sentido em que os seres humanos mais confiam. Na infância, o tato ou percepção sensorial através da pele é mais agudo que em outras fases da vida. Observe como certos bebês não acordam quando falamos, mas só quando são aconchegados. Ao que parece, a ordem de importância dos sentidos na primeira infância é o movimento (tato), depois a audição e então o olfato. Determine qual a ordem de preferência que têm os sentidos para o seu filho e procure dar-lhe estímulos suficientes. Abaixo, alguns exemplos de condições extras para enriquecimento do ch'i que você pode propiciar às crianças em cada uma das categorias sensoriais:

Se o Seu Filho Confia Mais na Visão
caminhos bem definidos para os locais de atividade
mais de três cores e padrões num aposento
variedade de profundidades (ilustrações com ponto de fuga)

Se o Seu Filho Confia Mais no Tato
ao menos três diferentes texturas nos tecidos usados num ambiente
ao menos duas camadas de materiais no piso (ex.: um tapete sobre outro tipo de piso)
objetos manipuláveis com diferentes texturas (ex.: areia, argila, seda, pedra, veludo, espuma, borracha e água)

Se o Seu Filho Confia Mais no Movimento
uma reta ou caminho sem obstáculos
mobília posicionada de modo a permitir que o seu filho a contorne
um móbile que se mova com o vento

Se o Seu Filho Confia Mais no Som
música e vários instrumentos musicais ou objetos que produzam sons
mensageiros do vento no batente da porta ou perto de uma janela

assoalho que permita que se ouça o som das passadas
chafariz ou aquário com águas murmurantes

Se o Seu Filho Confia Mais no Olfato
potes com ervas aromáticas
fonte com recirculação de água aromatizada com o perfume da estação:
- pinho ou cipreste no inverno
- terra ou açafrão na primavera
- jasmim ou rosa no verão
- gerânio ou abóbora no outono

sachês com aromas variados nos armários, *closets*, gavetas e sob a mobília

Para as crianças que confiam mais no elemento visual para aprender e interagir com o ambiente, as fotos e ilustrações com uma visão de profundidade tornarão o espaço mais atraente.

Ter um pouco de cada tipo de informação sensorial reforçará a relação do seu filho com a vida. Procure ter dentro de casa a mesma variedade de opções que seu filho encontraria se estivesse ao ar livre. Essa é a essência do bom ch'i.

5

Elementar, Meu Caro Watson
Os Cinco Elementos do Feng Shui

O feng shui baseia-se no princípio de que o mundo físico se define mediante cinco elementos: fogo, terra, metal, água e madeira. Praticamente tudo que vemos, ouvimos e tocamos ou cujo odor podemos sentir é subproduto de um ou mais desses cinco elementos. Eles determinam a composição de tudo que o mundo físico contém, mas excluem o reino animal. A vegetação, o solo, os minerais e os produtos naturais e manufaturados são criados a partir deles. São esses cinco elementos que formam o conteúdo do mundo físico.

Considere tudo o que existe no seu lar. Os objetos são todos feitos de terra, metal ou madeira — e os plásticos são feitos a partir da terra e/ou metal. Incrível, não? Tudo o que existe à sua volta é gerado a partir de três elementos: terra, metal ou madeira (o elemento madeira representa tudo aquilo que cresce).

Os dois elementos restantes, fogo e água, são os **catalisadores** usados para dar forma aos outros elementos. O fogo representa o fogo em si e também todas as atividades criadas ou formadas a partir do calor. A mão que lapida a pedra ou serra a madeira é indicativa do elemento fogo. A ação da água torna os objetos flexíveis. Portanto, dobrar, derramar, extrair, dando nova forma e alargando os materiais, é a ação básica do elemento água. Assim, fogo e água são os elementos usados na criação dos objetos. Eles são os catalisadores, e a terra, o metal e a madeira são o material; juntos, contêm tudo o que é necessário para forjar todos os objetos do mundo físico.

Categorias Elementais do Feng Shui

Elemento	Domínio do Elemento
Fogo	O fogo em si e todos os processos que envolvem aquecimento, inclusive os de esculpir, serrar e malhar, além dos que implicam rapidez
Terra	A terra em si e todos os processos que exigem atos como consolidar, bater, sovar e rechear
Metal	Todos os metais e compostos minerais, além dos processos que exigem planejamento, estratégia, deliberação e manipulação mental
Água	A água em si e todos os processos que exigem dobrar, extrair, derramar e preencher
Madeira	Tudo o que cresce e todos os processos que exigem mudança, aprendizagem, crescimento e construção

Todas as categorias têm uma personalidade implícita e por isso, assim como as personalidades humanas, podem ser caracterizadas. As descrições da personalidade dos elementos são muito próximas das teorias tipológicas criadas pelos psicólogos e psiquiatras modernos. No meu livro *Feng Shui and How to Look Before You Love*, criei testes que correlacionam as tendências emocionais e comportamentais às categorias dos elementos. Como todos os pais sabem, cada filho tem o seu próprio estilo. Não adianta tentar acelerar os contempladores nem acalmar os agitadores. As descrições que se seguem lhe darão uma idéia da categoria elemental em que seu filho se insere. Mas, como muitas crianças têm um pouquinho de cada categoria, não espere que haja um só elemento dominante, embora isso possa acontecer. No Capítulo 10 há testes visuais que você poderá aplicar a seu filho para descobrir qual a sua personalidade elemental.

A Personalidade Fogo

As personalidades fogo gostam de ser ativas, lançam-se antes de avaliar os riscos e preferem arrebatar as coisas, em vez de simplesmente pegá-las. As crianças gostam de empurrar brinquedos com rodas, arremetendo rapidamente contra as coisas e realizando quase tudo com muita rapidez. Se seu filho bebe em grandes goles, expressa sua frustração enérgica e abertamente e corre mais do que anda, provavelmente tem muito de fogo. Essas crianças geralmente são as primeiras a responder às perguntas e tendem a se fazer notar imediatamente.

As crianças regidas por esse elemento são rápidas e querem gratificação instantânea. Elas tendem a verbalizar suas necessidades, muitas vezes em alto e bom som. O recém-nascido que berra em vez de choramingar para exprimir desconforto ou desprazer, o bebê que esbarra nos móveis porque é ligeiro demais e a criança que vive pulando porque não consegue ficar sentada estão exibindo traços do elemento fogo. Como em todas as categorias elementais, alguns atributos são positivos, mas há outros que constituem verdadeiros desafios. Abaixo, uma lista do que você deve esperar se seu filho tiver muito fogo em seu temperamento.

As crianças do tipo fogo tendem a ser ativas, arremeter contra as coisas e correr riscos.

Traços da Personalidade Fogo

Positivos	Discutíveis
Receptivo	Precipitado
Aprecia várias atividades	Deixa-se distrair facilmente por outra atividade
Resiste à manipulação	Combativo
Apaixonado	Nervoso
Carismático	Precisa ser o centro das atenções

Se os traços **positivos** do fogo estiverem presentes, estimule seu filho incluindo as seguintes condições em seu ambiente físico:

Para Estimular o Fogo Positivo
   cores claras, como branco, bege, prata, cobre e amarelo suave no quarto de dormir
   um tapete ou cobertor quadrado para sentar-se na hora de brincar
   espaços complexos com muitas opções

Se seu filho demonstrar alguns dos traços mais **discutíveis** da personalidade fogo, você poderá contrabalançá-los incluindo os seguintes elementos em seu ambiente físico:

Para Equilibrar o Fogo Discutível
   cores da terra — caramelo, ocre, cinza-amarronzado, bege-escuro, areia, tijolo e marrom — para o piso, que deve ter uma superfície antiderrapante para as brincadeiras
   um quadro com cenas do deserto, uma paisagem plana com águas plácidas ou uma caverna em frente ao assento da criança à mesa de refeições

azul-marinho ou cinza-chumbo no quarto de dormir
uma mesa bem grande para brincadeiras
use poucas cores básicas e evite principalmente os contrastes muito fortes

A Personalidade Terra

As crianças do tipo terra são metódicas e se sentem seguras com o que é familiar.

A criança do tipo terra pode esconder-se atrás das pernas dos pais, pegar os objetos metódica e lentamente, pôr a mão sobre a boca após abocanhar a comida ou sentar-se no meio do cobertor ou da área de brincar sem chegar perto da beira. As crianças que têm tendência a esse tipo de personalidade sentem-se à vontade com todos os processos que exigem consolidação, trabalho lento, preenchimento de espaços vazios e que não exigem reações físicas rápidas. Elas querem que as coisas permaneçam as mesmas. Isso não quer dizer que sejam necessariamente tímidas, mas que simplesmente preferem o que é testado e comprovado ao que é novo ou inovador. Não espere que essas crianças abram mão de seus brinquedos velhos ou provem novos pratos facilmente, pois o elemento terra as faz sentir-se seguras com a repetição e o familiar.

Traços da Personalidade Terra

Positivos	Discutíveis
Disposição para tentar	Evita situações novas
Estabelece metas realistas	Subestima a própria capacidade
Lealdade	Hesita em interagir com desconhecidos
Cuidado	Teimosia
Explora a fundo	Não abre mão de suas coisas
Luta pela harmonia no grupo	Tende a separar o que é seu do que é do grupo

Se os traços **positivos** da terra estiverem presentes, estimule seu filho incluindo as seguintes condições em seu ambiente físico:

Para Estimular a Terra Positiva
cores como vinho, magenta ou marrom-avermelhado no quarto de dormir
uma mesa redonda para brincadeiras

espaços organizados e com pouca mobília
uma pintura com muita folhagem verde no quarto de dormir ou em frente ao assento da criança à mesa de refeições

Se seu filho demonstrar alguns dos traços mais **discutíveis** da personalidade terra, você poderá contrabalançá-los incluindo os seguintes elementos em seu ambiente físico:

Como Equilibrar a Terra Discutível
azul-turquesa ou azul-real nos lençóis
nuvens ou elementos celestes pintados no teto do quarto de dormir da criança
mobília forrada ou estofada com listras vermelhas
molduras de metal na decoração do quarto de dormir
lanterna colocada perto da cama

A Personalidade Metal

As crianças do tipo metal pensam, pesquisam e investigam.

Se a brincadeira preferida de seu filho for esconde-esconde, se ele jamais deixar que você se levante da cabeceira da cama sem ler-lhe e explicar-lhe histórias, se seu brinquedo preferido for um quebra-cabeça e se todo dia ele inventar novas maneiras de usar as coisas, é bem provável que sua personalidade seja metal. O metal é o elemento da mente, e as crianças que têm essa influência adoram atividades nas quais o jogador deve usar a esperteza e saber calcular ou prever. Os jogadores de xadrez normalmente têm muito do elemento metal em suas personalidades, assim como os acadêmicos, os pesquisadores da ciência pura e os escritores. Qualquer atividade que exige que o indivíduo consolide, pense, defina, extraia ou extrapole é considerada uma atividade metal. Se a maioria das frases e conversas de seu filho terminam com um ponto de interrogação, então ele tem metal na configuração de sua personalidade.

Traços da Personalidade Metal

Positivos	Discutíveis
Rigoroso	Defensivo
Grande curiosidade	Obsessivo com detalhes
Seriedade	Indisponibilidade emocional
Concentração	Indiferença diante das necessidades alheias
Discernimento	Exigente demais

Se os traços **positivos** do metal estiverem presentes, estimule seu filho incluindo as seguintes condições em seu ambiente físico:

Para Estimular o Metal Positivo
cores como azul-claro e médio, turquesa-claro, salmão, rosa e roxo no quarto de dormir
padrões de tecidos com linhas onduladas
luminárias de mesa, além das de teto
um quadro com uma paisagem marinha em frente ao assento da criança à mesa de refeições

Se seu filho demonstrar alguns dos traços mais **discutíveis** da personalidade metal, você poderá contrabalançá-los incluindo os seguintes elementos em seu ambiente físico:

Para Equilibrar o Metal Discutível
ausência de brilhos, inclusive de superfícies pintadas com tinta brilhante
não usar tecidos com padrões de bolas ou círculos
brinquedos com poucas rodas ou partes móveis
assentos acolchoados, estofados

A Personalidade Água

As crianças do tipo água são independentes, emotivas e solidárias.

Seu filho é um sonhador? Ele costuma ficar com o olhar perdido ou olhar para você sem escutá-lo? Se o mínimo sinal de desprezo provoca lágrimas e os sentimentos se ferem com facilidade, mas, ao mesmo tempo, é fácil demonstrar carinho, então você tem um filho que pertence ao elemento água. É provável que a criança do tipo água seja independente mas, no entanto, tenha dificuldade em controlar as emoções. A criança que chora, mas não quer intervenção está demonstrando a dualidade da água. Com o tempo é provável que essa criança seja aquela com quem os amigos desabafam, pois a personalidade água esbanja solidariedade e compaixão. O interesse pelas coisas materiais é sobrepujado pelo interesse pelas pessoas; portanto, a criança água pode demorar em dominar as habilidades físicas. Já que a personalidade água costuma ter uma rara atenção diante dos sentimentos alheios, seu filho pode dar a impressão de não precisar de muito para si mesmo.

Traços da Personalidade Água

Positivos	Discutíveis
Flexibilidade	Carência emocional
Aceitação	Cede em favor dos outros
Coragem na persistência	Passa como trator pelas necessidades alheias
Pensativo	Indisponível e reservado
Respeito pelos outros e pela propriedade alheia	Xenofobia

Se os traços **positivos** da água estiverem presentes, estimule seu filho incluindo as seguintes condições em seu ambiente físico:

Para Estimular a Água Positiva
paredes brancas no quarto de dormir ou de brincar
janelas sem cortinas
estantes nas paredes do dormitório
um quadro com padrão geométrico em frente à cama ou ao assento da criança à mesa de refeições

Se seu filho demonstrar alguns dos traços mais **discutíveis** da personalidade água, você poderá contrabalançá-los incluindo os seguintes elementos em seu ambiente físico:

Para Equilibrar a Água Discutível
roupa de cama com estampas de estrelas, triângulos ou losangos
aroma de jasmim, gerânio, limão ou *grapefruit* nas áreas de brincar
relógio de cuco, mensageiro do vento ou outros sons intermitentes
ausência de tecidos macios e sedosos; uso de forração à base de linho ou algodão natural

A Personalidade Madeira

Explorar é a atividade-chave da criança do tipo madeira. Esse tipo de personalidade adora aventuras, embora muitas de suas proezas sejam vistas pelos pais como demasiado arriscadas. Inalterável diante do desconhecido, a criança madeira fica eufórica com a oportunidade de aprender. O que constitui pressão para outros tipos de personalidade é fácil de agüentar para as

As crianças do tipo madeira ficam eufóricas com a possibilidade de aprender.

crianças deste elemento. A pressão para agir ou terminar rápido não incomoda as crianças do tipo madeira, que já estão pensando no que farão em seguida antes de terminar a tarefa que têm diante de si. A personalidade madeira gosta de realizar façanhas motoras mesmo antes de estar pronta em termos de desenvolvimento. Por exemplo, o bebê madeira pode tentar levantar-se para olhar ao redor mesmo que a cabeça fique balançando, pois os músculos do pescoço ainda não estão prontos para sustentá-la. É muito difícil para as crianças deste elemento seguir instruções porque elas geralmente se deixam absorver inteiramente por aquilo que estão fazendo. Pouco dadas a mentiras e muitas vezes impacientes, elas quase não conseguem resistir a uma grande vontade de agir.

Traços da Personalidade Madeira

Positivos	Discutíveis
Aventureiro	Exigente
Disposição para arriscar-se	Corre muitos riscos
Singularidade	Impulsividade
Gosta de novas tarefas	Tende a deixar as coisas pela metade
Voltado para a ação	Incapacidade de parar

Se os traços **positivos** da madeira estiverem presentes, estimule seu filho incluindo as seguintes condições em seu ambiente físico:

Para Estimular a Madeira Positiva
roupa de cama listrada
plantas para cuidar
aceite toda a bagunça que a criança do tipo madeira é capaz de fazer
muita atividade ao ar livre
cômodo destinado a várias atividades simultâneas

Se seu filho demonstrar alguns dos traços mais **discutíveis** da personalidade madeira, você poderá contrabalançá-los incluindo os seguintes elementos em seu ambiente físico:

Para Equilibrar a Madeira Discutível
use poucos tecidos com contrastes muito fortes
use pouco vermelho, vinho, marrom e marrom-avermelhado com tons de azul para o quarto de dormir

muitas superfícies baixas para empoleirar-se e brincar
pinturas com muito branco e cores metálicas ou com molduras de metal em frente à cama ou ao assento da criança à mesa de refeições

Categorias Elementais com Relação à Idade da Criança

Além do temperamento próprio de cada criança, os estágios de desenvolvimento discutidos no Capítulo 2 também estão relacionados a uma categoria elemental. A seguir, veremos de que forma os estágios do Eu, Eu e Eu Mesmo, do Mágico e do Pé na Estrada da Razão se relacionam aos elementos dominantes da água, do metal e da madeira, respectivamente.

O Estágio do Eu, Eu e Eu Mesmo (do Nascimento aos 18 Meses):
Elemento Água
O recém-nascido vem de um ambiente aquático por excelência e aos poucos, ao longo do período que dura esse estágio, entra num ambiente cuja forma de vida é completamente diferente. Quanto mais nova a criança, menor a separação entre o universo percebido e a noção de eu. Portanto, esse período é o estágio de flutuar na substância da vida ou de sentir-se imerso numa gigantesca onda. À medida que a percepção do bebê aumenta e ele aprende a identificar o ambiente em que se encontra, a bolha de água em que ele vive começa a dissolver-se.

Na vida submersa nada é extremo nem gritante, os sons são abafados, a luz é difusa e os odores praticamente não existem. O ambiente aquático envolve os sentidos e encasula a alma. Em vez de oposição, ele proporciona apoio e suavemente induz o bebê a entrar no mundo.

A fim de cuidar da melhor maneira da criança que se encontra nesse estágio, procure simular um ambiente aquático assim. Eis aqui algumas sugestões para isso:

Sugestões para o Ambiente Aquático de um Recém-Nascido

padrões com repetição de formas pequenas	acabamentos acolchoados e piso macio, atapetado
cores tênues, suaves ou escuras; evite as claras	colchão e lençóis macios temperaturas frescas
iluminação indireta, não direcionada para o bebê	contrastes definidos música de harpa ou
cortinas finas, que tornem difusa a luz do sol	outro instrumento de corda

As cores da água são o azul e o preto foscos, sem brilhos. As texturas da água têm profundidade ou trama aberta, convidando à investigação tátil. Os odores são misturas de tudo o que existe, como o cheiro da terra. Os cheiros terrosos emanam do corpo dos recém-nascidos e parecem reconfortá-los. Sem dúvida os odores anti-sépticos, penetrantes, normalmente associados à limpeza, são a antítese da atmosfera aquática. A música da harpa, do violino e de qualquer outro instrumento de corda, cujos sons reverberam no ar e morrem naturalmente, em vez de abruptamente, é mais próxima do elemento água do que a de outros tipos de instrumento.

O Estágio do Mágico (de 18 Meses a 3 Anos): Elemento Madeira
"O quê?", "Quem?", "Por quê?" Essa é a ladainha da criança que entra no estágio do Mágico. Ela começa a compreender, por mais que possa relutar, que o mundo de fato é uma entidade à parte. Por volta dos 18 meses de idade, a faculdade do discernimento se desenvolve. A capacidade de extrapolar começa a formar-se, e os processos mentais ampliam-se exponencialmente. Durante esse estágio, a criança aprenderá a identificar a maioria dos itens existentes no mundo físico e a entender seu uso e finalidade. É preciso muita concentração para aprender tantas coisas em tão pouco tempo. Na verdade, o volume de informação processado posteriormente na vida talvez nunca se aproxime do total absorvido nesse estágio da infância.

A concentração e a acuidade mental são a marca do elemento metal. Já que muitas experiências são novas ou recém-adquiridas, o Mágico geralmente é muito intenso. Já vi crianças desse estágio muitas vezes olharem as coisas sem piscar para tentar compreendê-las. Que diferença com relação ao olhar vago, completamente errático do recém-nascido, que olha à sua volta como se tivesse acabado de acordar de um sono longo e profundo! Inferência, dedução e cálculo são qualidades inerentes ao elemento metal, quando o discernimento é empregado na compreensão de todo o aporte sensorial que vem do mundo físico.

Como o período entre os 18 meses e os 3 anos é marcado pela experimentação, é responsabilidade dos pais expor seus filhos a novas experiências, sabores, sons, odores e objetos. Quanto maior for essa exposição, maior o domínio da vida de uma forma geral. Se jogarem com a cabeça, os pais propiciarão ao Mágico um ambiente em que ele possa crescer. Para isso, devem incluir nesse ambiente a presença de elementos metal que levem em consideração o temperamento de seu filho.

Animados, os pais muitas vezes são pródigos em fornecer ao bebê todo tipo de brinquedos. Mas a questão, durante o estágio do Mágico, é como fazer isso sem ter de viver em meio a um verdadeiro caos. Para ter um ambiente metal, a criança deve estar cercada de brinquedos diversos e exposta a uma variedade de experiências sem, no entanto, ter a obrigação de manter as coisas em ordem. Os pais têm de ter paciência e respeitar as limitações das crianças nesse aspecto. Meu único conselho é: não se desespere, essa fase não dura para sempre.

Ouro, branco, prata, cobre e qualquer superfície brilhante são boas cores metal. A forma do metal é o círculo (daí o fascínio pelas rodas que tantas crianças demonstram nessa idade), as texturas são macias ou molhadas e o som é a música do violão, do xilofone ou do piano.

Como esse estágio é dominado pelo elemento metal, o Mágico prefere concentrar-se em minúcias e ignorar a interação social. Para ele, tudo é fascinante — é difícil para a criança não se deixar absorver por tudo aquilo que lhe interessa. As brincadeiras mais divertidas dessa fase requerem objetos um tanto escorregadios e difíceis de segurar, como a gota de mercúrio, que sempre foge da mão. Eis algumas sugestões a utilizar:

Sugestões para o Ambiente Metal de um Mágico
padrões com repetições
superfícies reflexivas
meios-tons de ocre, rosa, bege e amarelo
cortinas que permitem a entrada da luz exterior (ex.: venezianas, tecidos com orifícios ou tramas abertas)
superfícies resistentes
mobília de cantos arredondados
cama equipada com acessórios variados (ex.: cobertas, travesseiros e bichinhos de pelúcia de diferentes dimensões)
diversos objetos para manipular

O Estágio do Pé na Estrada da Razão (de 3 a 6 Anos): Elemento Madeira
A aquisição de domínio é a essência desse estágio. A marca da madeira abrange desde a simples curiosidade até o desejo de compreender totalmente para poder criar. A abordagem descuidada do bebê de 2 anos dá lugar às atividades planejadas da criança de 3 anos. É durante esse estágio que a luz se acende na cabecinha da criança com a descoberta de que sempre há mais a aprender. A melhor forma de contribuir com esse estágio é promover a diversidade, o desafio e a aprendizagem.

Desenvolver idéias abstratas e dar-lhes forma é essencial à vida. Algumas das lembranças mais remotas das crianças são dessa fase e muitas vezes aquilo que elas aprendem nesse explosivo período de aprendizagem está ligado ao que elas serão quando adultas. O que caracteriza o elemento madeira é a mudança. Nesse estágio surge certa noção de identidade, na medida em que a criança já começa a parecer aquilo que ela será quando chegar à idade adulta.

> *Lembro-me que eu queria ser a "durona" e proteger meus amigos de um valentão que vivia ameaçando todo mundo no bairro. Quando aquele "exterminador" entrou voando na rua, fui eu quem jogou a cautela para o alto e parou bem na frente de sua veloz bicicleta para impedir sua aproximação. Provavelmente a visão da careta que eu fiz, com minha cara rechonchuda de 4 anos, foi o bastante para fazer aquela peste de 6 anos parar. Foi como se uma luz se acendesse naquele dia, pois eu percebi que era capaz de lutar pelo que eu queria.*

No estágio do Pé na Estrada da Razão, as crianças ganham a consciência de quem são e quais as melhores opções para si mesmas.

As crianças se sentem inspiradas a aprender quando há espaço para explorar à vontade. Quando há excesso de "deve" e de "precisa", pode-se sufocar a emergência da identidade. Tudo cresce para cima ou para os lados, vertical ou horizontalmente, e quando não há espaço para a expansão, forma e espírito se deformam e se comprometem. Uma das maneiras de estimular as oportunidades para novos interesses é permitir espaços vazios às crianças. Assim como as páginas vazias de um diário convidam à autoria, os espaços livres representam uma tela para a imaginação infantil. Além dos espaços vazios, os ambientes que estimulam o crescimento e a mudança são apropriados à fase madeira. Abaixo algumas sugestões que contribuem para criar ambientes assim.

Sugestões para o Ambiente Madeira do Pé na Estrada da Razão

- papel de parede listrado
- uma parede, piso ou cama com diversos tons de verde
- brinquedos que quicam ou podem ser usados como superfície para "quicar"
- brinquedos que podem ser desmontados e remontados
- tendas, cabanas, casas de brinquedo
- cobertas de todas as formas, cores e tamanhos
- brinquedos e acessórios para banho
- superfícies sem quinas
- cortinas com apliques
- lanternas
- tapetes grossos e pequenos
- banquinhos giratórios

Em resumo, é importante criar um ambiente que estimule seu filho a mudar dentro dos limites apropriados. Por exemplo, cadeiras muito pesadas podem frustrar a criança e impedir que ela as mude de posição para criar situações diferentes para brincar. Superfícies tratadas com pintura de pontinhos ou esponja podem estimular seu filho a diversas atividades mentais, como as nuvens que você olhava quando criança, que se transformavam em cangurus pulando ou rostos que o encaravam. Penduradas nas janelas, as plantas criam sombras, e os lustres com orifícios criam padrões de luz que criam a mistura de formas que delicia as crianças em sua dança ao longo da Estrada da Razão.

6

O Ba-Guá
O Sentido Implícito do Espaço

O *ba-guá* é um instrumento do feng shui que revela as mensagens emocionais criadas pelas diferentes partes de um espaço. No feng shui da pirâmide, é mais comum usá-lo em relação a cada cômodo do que em relação à casa toda como se fosse um único vão, pois o espaço é vivenciado mais plenamente quando se está nele. Embora seja representado geralmente como um polígono de oito lados, ele na verdade tem a mesma forma que o aposento ao qual é aplicado.

O ba-guá tradicional tem nove segmentos, mas a interação da criança com o mundo não é tão específica. Para fins deste livro, consolidei os segmentos em cinco áreas principais: motivação, poder, desafio, relacionamento e saúde. Essas cinco áreas lhe fornecem um modelo para planejar as atividades adequadamente.

Para poder localizar as várias partes do ba-guá, pare na entrada do aposento, na porta ou umbral mais utilizado. A parede de poder geralmente — embora nem sempre — é a que fica defronte dessa entrada. Fatores circunstanciais, como a ausência de parede num dos lados do aposento porque ele está ligado a outro, ou especiais, como a presença de uma lareira, alteram a localização das áreas do ba-guá desse cômodo.

Com base no ba-guá tradicional, a parede de poder do aposento representado na ilustração da página seguinte (sup.) seria a que fica defron-

Ba-guá tradicional

Essas cinco áreas revelam a comunicação da criança com um espaço.

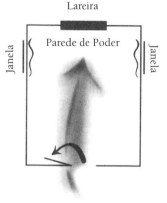

A parede de poder fica em frente, com base no principal caminho dentro do aposento.

te à entrada. Entretanto, não é provável que alguém seguisse diretamente em frente ao entrar nesse aposento; normalmente ninguém anda assim tão perto da parede. Ao entrar num aposento, nós geralmente nos encaminhamos em direção ao ponto em que o espaço é maior. Nesse aposento, a lareira seria o ponto para o qual as pessoas provavelmente se dirigiriam após entrar. Assim, a entrada desse aposento, em termos da experiência, fica de frente para a lareira. Para os cálculos individuais de cada cômodo, sobreponha a entrada do ba-guá com base no caminho que as pessoas provavelmente tomariam quando entrassem nele, e não necessariamente na posição que se avista ao entrar. A parede de poder será sempre em frente, após a determinação desse ponto.

Motivação

O que é que mais encanta as crianças? Quais os ingredientes para mexer com os pensamentos? Que brinquedos são tão desejados que sua simples menção se torna emocionante? As crianças reagem rapidamente ao entusiasmo, e a área de motivação de um aposento gera avidez. Elas podem ser suavemente induzidas a vários estados de espírito, e a chave disso está naquilo que se vivencia no umbral.

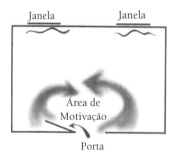

A área da motivação é a que fica logo após o umbral.

Área de Motivação
O Que Incluir

Ícone	Vantagem
Um móbile que oscila suavemente	Promove o sossego
Uma espiral giratória	Estimula a ação
Um tapete	Promove apoio
Iluminação fraca	Convida à introspecção
Um móvel maciço e sólido	Confere segurança

O Que Evitar

Ícone	Desvantagem
Abarrotamento	Promove confusão
Iluminação forte	Chama a atenção demasiado rápido
Apenas objetos dos adultos	Desvaloriza a auto-estima
Vazio (principalmente em dormitórios)	Reduz a sensação de possibilidades

Poder

Todo mundo se sente mais seguro quando está de costas para a parede que fica mais longe da entrada do cômodo. Portanto, o melhor local para as atividades que exigem concentração e atenção é aquele que fica logo na frente da parede de poder. Você estimulará seu filho a dedicar mais tempo a atividades que criam auto-estima quando as localizar no âmbito da área de poder. Se colocar a televisão diante dessa parede, isso lhe dará ainda mais encanto.

Área de Poder
O Que Incluir

Ícone	Vantagem
Sofá ou outro assento de frente para a entrada	Aumenta a sensação de segurança e proteção
Livros e brinquedos	Aumenta o valor da aprendizagem pela leitura e pela prática
Cama	Fornece proteção
Conjunto de blocos	Incentiva a correr riscos
Atividades ou jogos mecânicos ou complicados	Aguça a concentração
Gaiolas com animais de estimação	Intensifica o valor de cuidar e criar

O Que Evitar

Ícone	Desvantagem
Televisão	Estimula a passividade, em vez do envolvimento
Assento solitário	Fomenta o isolamento
Vazio	Aumenta a sensação de tédio

Relacionamento

A grande maioria dos seres humanos é destra. Os cientistas descobriram que o canhotismo é causado por alterações hormonais *in utero*; portanto, a maioria dos canhotos originalmente foi destra. Em termos de feng shui, isso significa que as pessoas tendem a mover-se mais para a direita que para a esquerda ao entrar num ambiente. Assim, as pessoas dirigem-se com mais naturalidade para o lado direito, que é o lado preferido e mais seguro de percorrer quando se entra num espaço.

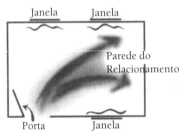

Situe os locais de reunião no lado direito do cômodo.

Área do Relacionamento
O Que Incluir

Ícone	Vantagem
Cama	Diminui o medo de estar só
Duas cadeiras em ângulo reto	Estimula a comunicação
Sofá	Facilita alianças
Mesa de jogo ou de jantar	Fomenta a união
Área de brincar com atividades que exigem cooperação	Cultiva o trabalho em equipe

O Que Evitar

Ícone	Desvantagem
Cadeira solitária	Exacerba a sensação de isolamento
Computador	Debilita a união
Atividades solo	Isola e afasta
Centro de entretenimento	Ressalta mais o aspecto de ser entretido que o de entreter-se

Desafio

A área do desafio é a que fica à esquerda da entrada. Em geral, aquilo que no início nos dá mais trabalho é o que se torna nossa maior realização. Sem desafios, mesmo a criança mais talentosa pode deixar de cumprir seu destino promissor. Se na escola tivessem me dito que um dia seria escritora, eu teria caído para trás. Meu apelido em casa era Srta. Malaprop*, e eu não sabia distinguir "tecido sintético" de "síntese textual". Embora adorasse fazer versinhos rimados para as festas de família, eu sempre errava bastante na ortografia e na gramática. A criança que não conseguia escrever uma frase com princípio, meio e fim hoje já está em seu sétimo livro.

As tarefas que exigem concentração encontram apoio na área do desafio.

O desafio é um dos mais importantes instrumentos com que os pais podem munir os filhos. Enfrentar desafios é fundamental para saber o que a vida realmente vale.

O mais difícil para os pais é descobrir o que colocar na parte do desafio do quarto do filho. Coloque ali algo cativante — talvez uma versão mais avançada da atividade favorita dele. Por exemplo, se uma criança de 2 anos gosta de brincar com um quebra-cabeça de dez peças, coloque ali também um quebra-cabeça de vinte peças.

> *Uma de minhas primas era, de longe, a mais bonita e talentosa da família. Não havia nenhuma manifestação artística em que ela não fosse craque: sabia desenhar, dançar, representar, tocar piano e cantar maravilhosamente bem. Praticava equitação com grande desenvoltura, entendia as piadas antes de todo mundo e nadava como se fosse um peixe. Eu me sentia uma inútil junto dela. Embora adorasse desenhar, os quadros que eu fazia eram feios e malfeitos. Gostava muito de cantar até o dia em que a professora me pediu que só fingisse que estava cantando, ao invés de cantar de verdade, no coro da escola. Eu sempre quis ser como a minha prima talentosa e bonita — até que cresci. Já que a única maneira de que dispunha para ter sucesso era me aplicando, fiquei motivada a conquistar o que queria. Minha prima nunca atingiu o sucesso e a satisfação que todo o seu talento prometia. Devido a seus inúmeros dotes, ela não se sentiu motivada a esforçar-se pelo sucesso.*

---

* Referência a Malaprop, personagem da peça *The Rivals*, de Sheridan, que comete erros ao empregar mesmo as palavras e expressões mais familiares. (N. da T.)

Área do Desafio
O Que Incluir

Ícone	Vantagem
Os brinquedos e jogos que virão em seguida	Estimula e estabelece metas
Plantas para cuidar	Inspira a constância
Quebra-cabeças	Incentiva o cumprimento das tarefas
Estantes abertas com livros ou brinquedos	Demonstra opções

O Que Evitar

Ícone	Desvantagem
Brinquedos ou jogos amontoados	Sufoca
Penteadeira ou armário fechado	Dá oportunidade para a supressão
Vazio (principalmente no dormitório)	Não fornece nenhum estímulo
Qualquer tarefa de que a criança não goste	Exacerba o conflito e a resistência

Saúde

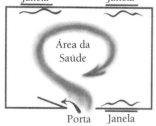

O centro do quarto de uma criança define-se como a área da saúde.

O centro de um aposento representa todos os aspectos da saúde. Em meus outros livros sobre o feng shui, explico que saúde, para mim, é saúde física, mental e espiritual. No caso das crianças, a saúde espiritual se associa ainda à sensação de ser nutrido e protegido pela família. Portanto é preferível que nos quartos destinados a crianças, o centro seja bem definido e fácil de identificar. O centro pode ser marcado por uma coisa tão simples quanto um tapete, num dormitório, ou uma mesinha de centro/de brincar, na sala de reunião da família. Quando a área central de um aposento é definida, transmite às crianças, como um abraço, a sensação de ser querido e cuidado.

Área da Saúde
O Que Incluir

Ícone	Vantagem
Os objetos que seu filho prefere nas brincadeiras	Respeito pelas preferências da criança
Tapete	Define claramente uma área
Manta	Reconforta
Iluminação suficiente e clara	Aumenta a importância das atividades

O Que Evitar

Ícone	Desvantagem
Vazio	Dissipa a sensação de segurança
Baú de brinquedos	Excesso de ênfase nas crianças
Apenas acessórios dos adultos	Excesso de ênfase nos adultos
Cadeira solitária	Coloca demasiada pressão em seu ocupante

Os Quatro Cantos

As áreas de convergência entre duas partes concentram a energia de ambas. Esses cantos constituem os quatro instrumentos para o autofortalecimento do ser humano. Por exemplo, o espaço que fica na parte superior do lado direito é aquele em que a criança se sentiria mais segura e apoiada pela família porque ele é o segmento de um aposento no qual os relacionamentos e o poder se encontram. Quando as coisas certas são colocadas nessa área, deflagra-se a sensação de intimidade e a criança se sente alimentada pela atividade ali realizada.

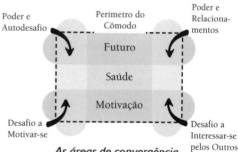

As áreas de convergência entre duas partes concentram a energia de ambas e são os quatro instrumentos para o autofortalecimento do ser humano.

Use as áreas do ba-guá para situar vários centros de atividade e peças do mobiliário de modo a personalizar o lar, com o intuito de adequá-lo às necessidades específicas da criança. Como todos os instrumentos do feng shui, o ba-guá deve ser usado em conjunto com os demais. Se você perceber, por exemplo, que a localização de uma unidade de lazer da casa não é a ideal, não entre em pânico. Tente criar um aposento dentro desse aposento. Para criar um espaço dentro de outro, jogue com a localização dos móveis, tapetes e outros acessórios, como biombos, plantas ou mesas. Assim se pode criar um espaço interno, atenuando a situação do posicionamento maior e menos auspicioso.

Pense na importância dos aspectos do ba-guá ao longo da vida. Quando nossos filhos se sentem motivados e autorizados a enfrentar desafios porque contam com o apoio de relacionamentos saudáveis e cheios de amor, a vida deles torna-se rica em possibilidades. Com isso, os pais podem munir seus filhos de instrumentos que lhes serão úteis pela vida inteira. Que dote melhor os pais poderiam desejar?

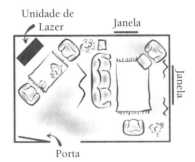

Use a colocação dos móveis, tapetes e biombos para criar um espaço dentro de outro, se for necessário.

7

Cores Felizes

Recorremos mais à visão do que a qualquer outro sentido para obter informações sobre o ambiente. Como a nossa espécie consegue ver mais cores que as outras espécies, a influência das cores sobre a nossa psique é muito vasta.

O Significado das Cores

As cores possuem sentidos intrínsecos. Saber o que cada cor transmite é um passo muito importante na hora de selecionar cores para um ambiente infantil. A Cartela de Cores é um bom guia de referência para a seleção. Para obter os melhores resultados, procure cruzar essas informações com as preferências elementais de seu filho.

Verde

Se eu tivesse de escolher uma cor que representasse a infância, seria o verde. Essa é a cor do crescimento, da mudança, da evolução e da emergência. Como as crianças, o milagre da vegetação cresce diante de nossos olhos. As sementes lançadas na terra germinam rapidamente e brotam como plantinhas. As árvores transformam-se a cada ano e renovam suas copas a cada primavera. Num piscar de olhos, as ervas daninhas tomam conta de um jardim descuidado. É impossível pensar nas plantas sem admirar sua capacidade de renovar-se, crescer e mudar.

Pense no que torna as plantas verdes. A enzima clorofila, responsável pela conversão da energia solar em açúcar, é verde. O papel da clorofila no

Cartela de Cores

Cor	Elemento	Efeito Positivo	Efeito Questionável
Cores Primárias			
Vermelho vivo	Fogo	Inspira atividade	Inibe o sono
Rosa	Fogo	Apazigua	Estimula a inquietude
Amarelo vivo	Terra	Inspira lucidez	Convida à desassociação
Amarelo-claro	Terra	Alegra	Convida a correr riscos
Muito brilho	Metal	Estimula a concentração	Impede a interação
Pouco brilho	Metal	Energiza	Pode desvelar demasiadas opções
Azul-escuro	Água	Ajuda a concentração no eu	Pode exacerbar a tristeza
Azul-claro	Água	Auxilia a auto-expressão	Pode exacerbar o egocentrismo
Verde-escuro	Madeira	Induz à exploração	Contribui para deixar as coisas pela metade
Verde-claro	Madeira	Ajuda o desenvolvimento afetivo	Pode intensificar a inconstância
Outras Cores			
Turquesa	Madeira/Água	Estimula a segurança	Causa divisão emocional
Laranja	Fogo/Terra	Estimula os laços familiares	Promove apego excessivo
Roxo	Fogo/Água	Ativa o diálogo interior	Distrai do presente
Marrom	Terra/Fogo	Estimula a segurança	Abafa a mudança e as inovações
Preto	Água/Água	Estimula a imaginação	Intimida ou amedronta

ciclo de vida das plantas baseia-se na manutenção do crescimento. Num nível bem elementar, o verde não induz à letargia. Digo isso porque muita gente erroneamente acredita que o verde tem efeito calmante. Na verdade, a noção enganosa de que o verde é uma cor relaxante baseia-se em parte em sua associação à natureza. O que nos confunde é o fato de que relaxamos quando estamos em meio à natureza porque todos os sentidos são utilizados.

Olhar para algo verde não reproduz inteiramente essa experiência. Pelo fato de catalisar o crescimento, a mudança e a transformação, o verde é uma cor basicamente revigorante, e não relaxante.

A mudança pode ser um impulso tanto para as contribuições mais importantes e positivas da vida quanto para os ajustes que dão frio na barriga ou nó no estômago, como os que são provocados por choques, angústias, perdas ou traumas. Uma das reações negativas ao movimento é o enjôo, que nos faz ficar verdes. A expressão "verde de inveja" é aplicada a quem tem vontade de possuir características de outra pessoa — ou seja, alguém que, em última análise, deseja mudar a si mesmo. A cor verde exprime, de modo concreto e abstrato também, a afinidade, a segurança e a necessidade de crescer, mudar, explorar, aventurar-se e variar, estando em ressonância com a inquietação diante do estático, do repetitivo e do estacionário. O verde pode contribuir para que a criança atinja metas, mas, se for mal utilizado, pode levá-la ao pior dos bloqueios. O que os pais precisam discernir é quando a energia da mudança é apropriada e necessária à situação e à personalidade de uma determinada criança.

O Verde Pode Ser Indicado
- quando a criança exagera na dedicação a uma única atividade
- quando a criança tem medo de arriscar-se
- quando a criança é demasiado apegada às pessoas que cuidam dela
- quando a criança é, por temperamento, acomodada
- quando a criança passa a maior parte do tempo com adultos
- para incentivar a criança a adquirir novas habilidades
- quando a criança precisa ter mais energia

O Verde Pode Ser Contra-indicado
- quando a criança ganha um irmãozinho
- durante o período de um divórcio
- se a criança tem dificuldade para acalmar-se e relaxar
- para a criança que tem problemas de sono

Patrick já nasceu relaxado. Ele é o primeiro filho e pode continuar sendo o único. Seus pais, que estão na casa dos 40 anos, trabalham fora e, até depois dos 2 anos, quem cuidava dele era uma babá muito carinhosa. A presença de adultos era o fator determinante nas experiências de Patrick até esse momento, quando a babá caiu doente. Patrick teve de ser matriculado numa escolinha de uma hora para a outra. Incluir um pouco de verde em seu dormitório nesse momento reforçaria a mudança que ele tem de empreender. Para uma criança meiga, que não tem irmãos, a escolha do verde para a decoração pode representar um bom catalisador do crescimento interior desejado.

Barnaby, por sua vez, viveu num mundo inteiramente diferente. Nascido sete anos depois da irmã mais velha, ele já entrou na vida rindo e seduzindo. Eu sempre acho que Barnaby entende as piadas antes de mim e acredita que os adultos, em geral, são lentos demais para captar as sutilezas que ele percebe. Crianças e adultos de todas as idades estão sempre entrando e saindo de sua casa. Embora os pais trabalhem, seus horários são diferentes, de modo que um deles — ou ocasionalmente a irmã — sempre está em casa para cuidar de Barnaby. Eles moram numa zona residencial cheia de crianças de várias idades que estão sempre por perto e sempre são convidadas a entrar. Barnaby dá trabalho na hora de dormir simplesmente porque não quer perder nada. Portanto, escolher verde para seu dormitório seria o oposto do que ele precisa para contrabalançar sua vida, já bastante movimentada e propícia ao crescimento.

No dia em que o pai foi embora de casa, Kelly ficou doente. Aos 5 anos de idade, ela não tinha como traduzir em palavras a confusão e a dor que sentia. E começou a atirar longe os brinquedos e a perder coisas, como sapatos, sombrinha, lancheira e jogos preferidos. O que era raro, de repente tornou-se a norma depois que o pai se mudou.

Kelly adorava o verde e o associava ao seu próprio nome. A mãe sempre lhe dizia o quanto adorava essa cor, que era a do *blazer* que sempre usara na faculdade. Não é de surpreender que o quarto de Kelly também fosse verde. A mãe me pedira que avaliasse a casa da perspectiva do feng shui, tentando principalmente tornar a transição mais fácil para elas. E eu fiquei preocupada de imediato com a cor do quarto da menina. O comportamento de Kelly tinha todas as características do lado problemático do verde e, no entanto, ela se identificava com a cor.

Sugeri à mãe que retirasse o verde do campo de visão de Kelly quando estivesse na cama ou no local em que costumava brincar. Assim, o verde — a cor que acentua a mudança e o crescimento — pode influir favorável ou desfavoravelmente na sintonia das pessoas. Naquele momento, o verde não era uma boa opção. O que Kelly estava vivendo aumentava ainda mais com as grandes doses de verde no ambiente.

As paredes foram pintadas com um tom de marrom-rosado bem clarinho e suave. Os acabamentos em verde-escuro foram cobertos com um tom azulado de turquesa. Kelly manteve a fronha e o lençol de baixo verdes, mas nós mudamos o lençol de cima, que ficou sendo cor-de-rosa. Sua cadeirinha de balanço, que era de vime pintado de verde, foi pintada de rosa-pêssego claro e, assim, o quarto ganhou uma atmosfera mais alegre. Com o tempo, suas reações negativas foram diminuindo até cessar completamente, pois as cores que ativavam a dolorosa experiência de mudança haviam sido substituídas pelas que acalmavam e aliviavam a carga emocional de Kelly.

Quando adequadamente utilizado, o verde pode instilar o amor pela aprendizagem, pela inventividade e pela mudança, dando liberdade ao espírito infantil. Mas quando é preciso puxar as rédeas para controlar o comportamento, ele pode ser um problema.

Vermelho

Não importa como o chamem: sangue, carmim, vinho, cereja, tomate, púrpura ou brique, todos os tons de vermelho emitem vibrações que esvoaçam pelo espaço como fitas presas a um ventilador de teto. O vermelho é associado à raiva, à intensidade, à virilidade, à animação, ao carisma e ao poder. Ele instiga a energia física e emoções fortes. Pense na quantidade de países que o escolheram para figurar em suas bandeiras e símbolos nacionais e no número de brasões de família — símbolos de sucesso — e uniformes esportivos que são adornados com ela. Qual a razão disso?

Fisiologicamente, o vermelho está associado a várias reações fortes, e seu comprimento de onda é o maior do espectro visível. Além disso, o vermelho pulsa mais lentamente que as outras cores. É como se fosse uma bandeira desfraldada que ondula à brisa leve, em vez de agitar-se com fortes ventos. A cadência do vermelho exige atenção, como uma voz persistente que ressoa no meio de um vozerio indistinto. Assim como não se pode ignorar a tenacidade de um metrônomo, é impossível não perceber instintivamente o vermelho.

O vermelho grita por atenção. Ele anima. Ele transmite emoção e fervor, ativando ou acelerando o ritmo das atividades. Não use muito vermelho quando for preciso sossego, introspecção e sobriedade.

A associação entre o vermelho e o calor ou o fogo estão presentes em expressões como "vermelho de raiva". Nessa linha de associação, é fácil compreender que essa cor provoque uma reação extrema, intensa, ao ambiente. "Entrar no vermelho" e "ficar com os olhos vermelhos", por exemplo, transmitem outras associações — como exaurir os recursos e as emoções (pelo choro), respectivamente — que conotam as conseqüências extremas de um fato.

O vermelho é um reconhecimento da alta reserva de energia da infância e do desejo de embeber-se de conhecimentos enquanto se está em estado de fluxo. Quando a raiva, a imoderação e atos fisicamente impróprios estão presentes, o vermelho é prejudicial.

O Vermelho Pode Ser Indicado
- para marcar uma ocasião especial
- para indicar atenção especial
- para deflagrar o desejo de aprender
- para estimular a atividade física
- para incentivar a loquacidade

O Vermelho Pode Ser Contra-indicado
- para a criança hiperativa
- quando se quer sono e sossego
- se a criança se irritar e frustrar com facilidade
- para a criança que tem sono muito irregular
- quando a criança precisa de tempo para assimilação antes de adquirir novas habilidades

A personalidade de Chloe é uma rara combinação entre timidez e teatralidade. Até os 7 anos, ela se mostrou muito hesitante nas atividades físicas. Mas quando surgia a oportunidade de riscos mentais, ela se aventurava animadamente em qualquer coisa. O excesso de vermelho, em seu caso, iria exacerbar sua tendência a perder-se na própria imaginação, em detrimento das atividades físicas. Já que o vermelho é uma cor que incita à ação física, mental ou emocional, a criança que tiver uma propensão muito clara para uma delas pode ter dificuldade em arriscar-se nas outras quando estiver cercada de vermelho.

Chad se desenvolveu aos poucos. Nenhuma das habilidades que adquiria surgia intempestivamente, como vulcão, de uma hora para a outra, mas sim como a trepadeira que vai cobrindo a cerca pouco a pouco. Se esse tipo de criança encontrar excesso de vermelho no ambiente em que vive pode se sentir ansiosa, pois ele irá interferir com seu ritmo natural de desenvolvimento. Como o vermelho sublinha a urgência, se seu filho for como a tartaruga, do tipo "devagar e sempre", o excesso dessa cor vai contrariar seu verdadeiro eu. Porém sempre há lugar para um pouco de vermelho nos espaços infantis. Uma pincelada aqui e outra ali estimulam a exploração.

Azul

Quem não se sente encantado e maravilhado diante de uma noite estrelada? No quadro *Noite Estrelada* (1889), do pintor holandês Vincent van Gogh (1853-1890), as pinceladas de nuvens esgarçadas sobre o céu de um azul apaixonante e profundo criam uma dinâmica entre traço e cor que simplesmente nos tira o fôlego. O céu sempre despertou curiosidade e assombro.

Tendo sido o primeiro sistema de navegação da humanidade, essa amplidão de azul e negro forneceu as coordenadas que nos permitiram partir para explorar terras distantes e voltar em segurança ao lar. Mesmo hoje em dia, planetas, estrelas e galáxias distantes capturam a atenção e o espanto de nosso consciente coletivo.

Como o azul do céu se reflete em todos os corpos d'água, temos oportunidade de ver muito dessa cor. O que a vastidão e a consciência do desconhecimento significam para a psique humana? A humanidade maravilha-se com a elucidação dos mistérios da vida. E o que poderia ser mais misterioso e transcendental para nós que o conhecimento do próprio eu? Se o significado do azul tivesse de resumir-se a uma palavra, essa palavra seria *eu*.

O *Homo sapiens* é a única espécie cujo conhecimento da morte incute nos vivos um isolamento tão profundo, que a única solução é descobrir sentido no aqui e agora. Embora na primeira infância as crianças não fiquem pensando no sentido da morte, a cor azul ainda evoca nelas o mistério que existe no viver. Segundo Faber Birren, autor de livros sobre os efeitos das cores sobre a vida das pessoas, um aposento pintado de azul de fato faz baixar a pressão arterial e os batimentos cardíacos dos participantes de experimentos de laboratório. O azul acalma, relaxa e tranqüiliza.

Por outro lado, o azul também pode transmitir complacência, cansaço e vazio, evocando a melancolia e a sensação de estar inteiramente só no mundo.

O azul tem a vantagem subconsciente de criar auto-estima e a desvantagem de tornar isolada a criança que se sente perdida ou desorientada. A menos que seja realçado por outras cores, o azul não é uma boa escolha para os espaços da tenra infância. Como sempre, há exceções: ele será benéfico para as crianças que sofrem de cólicas ou hiperatividade.

O Azul Pode Ser Indicado
- para abrandar altos níveis de atividade
- para criar auto-estima
- para ajudar na concentração
- para acalmar a criança com tendência à irritação
- como demonstração de respeito ou preferência

O Azul Pode Ser Contra-indicado
- para a criança demasiado sedentária
- quando a criança tem propensão à irritabilidade ou à tristeza
- se a criança for medrosa
- para a criança que está sempre sozinha
- quando a criança é friorenta

Com 3 anos e meio, Michael era um verdadeiro furacão. Não parava de se mexer um minuto sequer. De nada adiantavam as intervenções de sua mãe, uma mulher tranqüila e delicada. Para completar, ela estava grávida e esperava que Michael se tornasse mais comedido depois que o bebê nascesse. Não podia nem imaginar como conseguiria cuidar dos dois. Sugeri uma intervenção sensorial totalmente yin, que incluía o máximo uso do azul em todas as áreas utilizadas por Michael.

Agora, mudar as cores do mundo de uma criança não vai alterar automaticamente o seu comportamento. Mas, assim como se deve evitar que uma criança hiperativa coma açúcar, qualquer medida destinada a apoiar os ajustes ajuda. Já que o comportamento de Michael era tão radical, a audição, o olfato e o tato precisavam de um ajuste yin. O tom médio do azul, nem claro nem escuro, é a quintessência em termos de cor yin — ela promove o autocontrole, modera a atividade física e geralmente ajuda a desacelerar.

Elizabeth, de 4 anos, parecia estar sempre mal-humorada. Embora nessa idade as crianças sejam fáceis de cativar, ela era muito difícil de agradar. É bem provável que tivesse resolvido desde cedo que era inútil competir com a deslumbrante irmã mais velha e que adotaria a atitude oposta. (Não é da minha alçada avaliar a razão de um problema psicológico, mas às vezes simplesmente não resisto a dar um palpite.) Seja como for, o importante no caso dela é que seu mau humor era constante. Nem a colcha de retalhos verde e azul nem as paredes azuis claras do dormitório estavam surtindo efeito. Embora possa estimular a auto-estima, o azul também pode aumentar a sensação de isolamento, fazendo as pessoas sentirem frieza, tanto física quanto emocional. Elizabeth precisava de cores de maior calor emocional, cores como amarelo, ocre e vermelho.

Amarelo

As vantagens emocionais do amarelo se harmonizam com a primeira infância. O amarelo é a cor da visão clara e da lucidez, exaltando a maneira como a criança saudável vê o mundo. Quando a criança é muito nova, os valores culturais e os ditames paternos ainda não estão firmemente assentados; o ambiente amarelo pode servir para esclarecer as regras e os valores ensinados. Com o tempo, quando temos de abrir mão de certas experiências para não contrariar as normas culturais, deixamos de gostar do amarelo.

Colocar muito amarelo no ambiente da criança que gosta de falar pode interferir na sua capacidade de ouvir. Já que essa cor deflagra pensamentos otimistas, no caso dessa criança o excesso pode levar à perda do controle. Se seu filho for elétrico, vibrante, não é preciso muito amarelo em seu dormitório nem na área de reunião ou refeições da família.

Independentemente da cultura de onde venha, toda criança usa o amarelo para representar o sol em seus desenhos. Na verdade, a cor do sol é mais o branco que o amarelo berrante que as crianças geralmente escolhem para desenhá-lo. Seja como for, a luz e o esclarecimento, no sentido concreto ou figurado, são associados ao amarelo. Não é por uma coincidência da natureza que as células oculares que constituem a *macula lutea*, responsáveis pela acuidade visual, são amarelas.

Todas as cores ressoam conforme sua função na natureza, e os seres humanos "captam" isso em nível subconsciente. Como as folhas mortas muitas vezes são de tom amarelo-claro, ele é análogo ao processo de decadência. A infância se associa ao desenvolvimento, não à decadência. Portanto, deixe de lado o amarelo-claro na hora de escolher a cor do dormitório de crianças com tendência ao isolamento; ele pode exacerbar a sensação de solidão.

O amarelo vivo define e alegra. Em épocas de turbulência e mudanças drásticas, como o divórcio ou a chegada de um irmãozinho, o amarelo pode ajudar as crianças a lidar com as emoções enquanto aumenta sua sensação de bem-estar. É difícil uma criança normal resmungar quando está ao ar livre num dia ensolarado. Além disso, os tons mais vivos do amarelo são ótimos quando se trata de manter as crianças entre quatro paredes por muito tempo, pois eles ajudam a tornar o tempo mais suportável. Lembre-se: a criança percebe o tempo de maneira diferente do adulto — o que para este é pouco tempo para a criança pode ser uma eternidade. O amarelo é um antídoto contra o tempo, pois é como brincar ao ar livre num dia de sol. Se a criança estiver se recuperando de uma gripe ou fazendo uma longa viagem de carro com a família, cobertas, almofadas ou brinquedos amarelos podem contribuir para diminuir a irritabilidade.

O Amarelo Pode Ser Indicado
- para alegrar
- para estimular a clareza da expressão
- para contrabalançar a sensação de isolamento

O Amarelo Pode Ser Contra-indicado
- para a criança que fala demais
- quando a criança vive sozinha, cercada de adultos
- no dormitório do filho único
- quando a criança está convalescendo (amarelo-claro)

Aos 4 anos, Barbara contraiu uma doença rara e teve de permanecer em casa, longe de outras crianças, por muito tempo. Não é preciso dizer que o ônus da doença, aliado ao do isolamento, foram uma péssima combinação. A melhor sugestão que pude fazer à mãe da garota foi que alterasse radicalmente o quarto desta durante os períodos em que tinha de permanecer confinada. Aconselhei-a a montar um saco de surpresas cheio de coisas agradáveis e divertidas, que propiciassem muita interação sensorial. Além disso, pedi-lhe que recortasse um sol numa folha de cartolina bem amarela e o colasse na janela do dormitório de Barbara. Ao saber que essa cor poderia contribuir para alegrar sua filha, ela pensou em prender fitas amarelas no ventilador do teto. Quando este era ligado, as fitas dançavam, dando um ritmo mais alegre ao ambiente em que a menina convalescia.

Laranja

Por ser um meio-termo entre o feroz vermelho e o otimista amarelo, o laranja é a própria essência da comunicação, da fusão e da cooperação positivas.

Nas famílias em que há filhos de casamentos anteriores, o laranja pode ser usado para ajudar a criar uma ponte entre as crianças. As crianças que têm menos de 3 anos geralmente não têm problemas em fazer amizade com outros filhos do pai ou da mãe, mas não é raro ocorrerem problemas com crianças maiores. Nesses casos, o uso do laranja na área de refeições ou convivência pode levar a uma maior facilidade na cooperação e na aceitação. A linha que existe entre a necessidade de acrescentar laranja quando duas famílias se unem e a de eliminá-lo quando há uma criança que sofre de ansiedade de separação do pai ou mãe biológicos é muito tênue. Nesse caso, a cor poderá intensificar a perda. Embora o feng shui não seja o único recurso que se pode usar quando surgem problemas afetivos, a criação de um ambiente que contribua para restabelecer o equilíbrio da criança poderá ajudá-lo a atingir os resultados desejados.

O laranja não estimula a individualidade. Não é por coincidência que as vestes dos monges budistas são dessa cor. O que poderia exprimir com mais precisão sua tradição que uma cor que reduz a exaltação do ego individual e exalta a ligação à origem? Se você tiver gêmeos ou filhos que tenham dificuldade em distinguir a própria personalidade da personalidade dos irmãos, pense em eliminar ou reduzir a presença do laranja no ambiente deles.

O Laranja Pode Ser Indicado
* para promover a cooperação
* para eliminar a sensação de isolamento
* nas famílias em que há filhos de casamentos anteriores

O Laranja Pode Ser Contra-indicado
* para gêmeos ou irmãos de idades muito próximas
* quando se quer estimular a independência
* para a criança que sofre de ansiedade de separação
* para a criança que tem um irmão ou irmã muito popular ou bem-sucedido

Os pais não ficaram impressionados com a rapidez com que Arielle aprendeu a falar, pois eles esperavam que todos os filhos se destacassem. Arielle era uma criança exuberante e fisicamente ativa, a única pessoa assim na família, formada por gente séria, calada e intelectualizada. Ao fazer 6 anos, essa criança conversadeira e amistosa de repente tornou-se taciturna. Observei que ela nunca teve a mesma atenção que os irmãos. Ao entrar em seu dormitório e ver o papel de parede que haviam acabado de colocar, cheio de flores laranja, recomendei uma mudança. Pedi aos pais que providenciassem telas de tecido e varetas de mais ou menos dois metros de comprimento e simplesmente costurassem as bainhas e prendessem as varetas. Depois bastaria pendurar um ou dois desses painéis em ganchos no teto para que Arielle não visse a barra de amores-perfeitos laranja usada nos acabamentos quando estivesse deitada na cama. Pedi-lhes que escolhessem um estampado que tivesse amarelo e vermelho, cores que representavam mais fielmente a verdadeira personalidade da menina. A criança otimista e ativa que sem dúvida tinha tanto a oferecer se estimularia a ser ela mesma quando se visse cercada de amarelo e vermelho.

Como ocorreu nesse caso, nem sempre é fácil retirar coisas que acabam de ser instaladas. Muitas vezes é melhor mudar um ambiente sem muitos gastos e sem se desfazer do que está lá até certificar-se de que uma mudança definitiva se justifica pela modificação positiva no comportamento da criança.

Maneiras Simples e Baratas de Alterar as Cores
* Prenda tiras de tecido em varetas e pendure-as na janela, no teto ou na parede.
* Use feltro ou um tecido semelhante para criar tapetes laváveis.
* Pendure um guarda-sol no teto, de cabeça para baixo, quando quiser testar um novo padrão ou motivo.

- Use mantas, cangas ou tecidos com padrões étnicos como roupa de cama.
- Cole papel de presente sobre cortinas baratas ou espelhos.
- Prenda uma camiseta com desenhos apropriados na parede usando tachas.
- Prenda fitas na vertical sobre o alto das cortinas para tornar listrado um tecido liso.

Roxo

A cor roxa é cercada por uma aura de misticismo. Em primeiro lugar, ele não é simplesmente a mistura de azul e vermelho, mas de magenta e azul. Ao longo da história ocidental, o roxo tem sido associado ao poder e à espiritualidade. Dessa cor são as vestes e os acessórios usados em certas ocasiões pelo clero da Igreja Católica, assim como as capas dos livros sagrados guardados nas sinagogas.

O roxo promove o devaneio e a fantasia. Quando se deixam absorver pelas caprichosas fantasias da mente, as crianças podem aparentar menos capacidade verbal do que de fato têm. Isso é mais ou menos como jantar em casa antes de ir a um restaurante: a pessoa dará a impressão de ter pouco apetite quando na verdade já se satisfez inteiramente antes.

As crianças que têm de passar boa parte da infância sem a companhia de outras crianças poderão ganhar com a inclusão do roxo em seus ambientes. Essa cor traz tranqüilidade e paz interior a qualquer área. Como o azul, ela faz a mente voltar-se para dentro. Mas, ao contrário do azul, o roxo estimula a fantasia e devaneios divertidos. O roxo não induz a atenção séria e voltada para o eu que caracteriza o azul.

O Roxo Pode Ser Indicado
- para a criança que está passando por dificuldades
- para alimentar os devaneios
- para minorar dores físicas
- para aumentar o prazer do tempo passado a sós

O Roxo Pode Ser Contra-indicado
- para a criança demasiado concentrada em coisas negativas
- para a criança que se mostra hipersensível no trato com os outros
- se a criança demonstra excessiva má vontade em participar das tarefas domésticas comuns

Lonnie nasceu com esclerose múltipla e lutou apropriadamente com as realidades da doença. Para ampliar sua ligação com o seu tranqüilo mundo interior, sugeri a seus pais que usassem roxo e lilás com toques de azul e laranja em seu dormitório. Essa combinação aumenta a auto-estima e a fusão com a realidade, ao mesmo tempo que estimula o devaneio. Essas cores foram selecionadas com o intuito de ajudá-lo a estabelecer uma vida interior tranqüila.

Embora só tivesse 7 anos, os interesses e preocupações de Tasha eram incomumente adultos. A mãe preocupava-se com seu excesso de interesse ao saber que alguém estava doente. Além disso, ela adorava um certo programa de tevê que apresentava casos pavorosos, nos quais o rumo das coisas mudava após a intervenção miraculosa de alguém que agia como um anjo na situação. Então sua mãe e eu decidimos redirecionar um pouco a atenção dela. Eu não fiquei surpresa quando soube que Tasha havia escolhido roxo para decorar seu quarto dois anos antes. E não era um lilás, mas sim um roxo profundo, bem escuro. A profundidade desse tom e a própria cor em si intensificavam sua concentração em questões de vida e morte, pois, como você já sabe, o roxo é a cor do mundo invisível.

Quando ainda era bem jovem, Tasha começara a colecionar bolas de borracha colorida, dessas que se dão de brinde nos supermercados e lojas de grandes redes; ela adorava contemplá-las. Sugeri que usássemos sua coleção para mudar as cores de seu dormitório. Cortamos todas as bolas ao meio e as prendemos em pedaços quadrados de cartolina grossa e madeira de 35cm × 35cm. Prendemos arame na parte de trás e colocamos tudo preso na diagonal, na parede avistada com freqüência, que era a que fica em frente à cabeceira da cama. A variedade de cores tornaria o quarto mais leve, os objetos redondos tridimensionais distrairiam seus olhos da cor profunda da parede e a forma diagonal deflagraria e energizaria seus processos mentais em direção a temas mais animados.

Marrom

Os pais dificilmente escolhem cores terrosas para decorar o quarto dos filhos. Talvez os marrons, os caramelos, os ocres e os cinzas pareçam sem ânimo e solenes diante da exuberância infantil. Mas as cores da terra nos prendem à realidade e sussurram mensagens de estabilidade, segurança e conforto. Observe o quanto as crianças gostam de brincar na lama e adoram pegar, rolar e espojar-se na terra. Elas usam o corpo com facilidade e normalmente têm menos medo ou hesitação em fazê-lo que os adultos. Talvez isso signifique que elas têm menos necessidade de viver cercadas por uma cor que transmite o que elas já fazem com perfeição. Deitar, sentar e ficar de pé parecem ações quase intercambiáveis, e a transição entre uma e outra se faz aparentemente sem esforço. Assim, a cor marrom e sua mensagem de estabilidade seriam a antítese de boa parte das experiências da infância.

O marrom é uma cor que não tem o vigor da atividade e do movimento. Para as crianças que se valem pouco do físico ou aquelas que têm as funções motoras comprometidas por doença ou acidente, as cores da terra ajudam a ter menos ansiedade por não apresentar o mesmo nível de velocidade e agilidade que as outras.

As cores escuras com alto nível de contraste podem frustrar as crianças cuja visão não é perfeita (isso não se aplica apenas ao marrom). As sombras e imagens indistintas provocam apreensão. Se usar cores escuras para um dormitório infantil, procure usar sempre muita iluminação.

O Marrom Pode Ser Indicado
- para aumentar a sensação de segurança
- para estabilizar
- para crianças com problemas motores

O Marrom Pode Ser Contra-indicado
- para a criança tímida e calada
- quando o dormitório for voltado para o norte ou dispuser de pouca iluminação natural
- quando os acessórios forem escuros
- quando a criança tem pouca iniciativa

Preto

Subutilizado e subestimado, o preto é uma grande cor para os espaços infantis quando é contrastado com outras cores. As cores cheias ou primárias são as que os bebês vêem com facilidade. À medida que o mundo se vai tornando mais claro e mais inteligível, as crianças vão conseguindo discernir sutilezas com maior facilidade. Assim como a luz fraca dificulta a percepção, a cor negra parece carecer de luz ou é percebida como um buraco.

Não é raro as crianças terem medo do escuro. A falta de definição, aliada à desconfiança natural de muitas crianças e à falta de conhecimento do mundo que as cerca, cria um ambiente incerto. Portanto, use o preto em conjunção com cores vivas ou claras. Por exemplo, cetim negro para a fronha do ator ou atriz mirim ou apliques dessa cor num tapete para promover concentração numa determinada área do aposento.

O preto exige atenção imediata, em parte porque o olho tenta definir o que está presente. A cor é percebida como um buraco, e o olho naturalmente busca antever o perigo ou descobrir o que é possível. Assim como é impossível debruçar-se sobre águas paradas sem querer ver o fundo, a visão do negro nos faz querer perscrutar através dele.

O Preto Pode Ser Indicado
- para o dormitório dos bebês, a fim de acentuar o contraste entre os objetos
- para organizar diferentes áreas de um aposento
- para reduzir o excesso de luminosidade
- para acrescentar uma pitada de mistério

O Preto Pode Ser Contra-indicado
- quando dificulta a apreensão clara do espaço
- quando não é combinado com outras cores
- para a criança que tem medo do escuro
- quando não tem forma e pode ser confundido com uma sombra da noite

Branco

O branco é o oposto do preto porque reflete, em vez de absorver, todas as cores. O branco libera luminosidade e promove uma atitude alerta. É mais difícil relaxar quando há grandes espaços brancos num aposento. Assim como a luminosidade existente num deserto banhado pelo sol implacável, o branco não faz o espírito relaxar.

O branco e todas as superfícies refletoras deflagram a mente. Usado de certa maneira, o branco pode provocar distração, pois diminui a especificidade do que está sendo visto. Além disso, é mais difícil sentir-se frustrado e oprimido num espaço branco, a não ser que as circunstâncias exijam essa reação, como nos hospitais, por exemplo. Nas noites escuras, o branco pode dar um ar de leveza ao aposento. Uma superfície branca defronte da cama da criança às vezes ajuda a reduzir os terrores noturnos.

Por ativar o raciocínio, o excesso de branco pode sobreestimular a criança que se preocupa ou fala demais ou que se entrega a uma determinada atividade com demasiada intensidade ou freqüência.

O Branco Pode Ser Indicado
- para a criança que sofre de problemas visuais
- quando uma atitude alerta é desejável
- para estimular o otimismo
- para contrabalançar o medo do escuro

O Branco Pode Ser Contra-indicado
- para a criança que fala demais
- para a criança excessivamente preocupada
- para a criança que tem dificuldade de relacionamento com outras crianças
- para a criança que exige demasiada atenção dos adultos

Durante algum tempo, freqüentei a casa de uns amigos. Como não ia lá como profissional, não tive a oportunidade de sugerir-lhes uma experiência com o feng shui. Carrie era uma faroleira. Ela fazia de tudo para roubar a atenção de todos. Como a sala de estar da família era branca, as pessoas ficavam muito em evidência porque o fundo não chamava quase a atenção. Ninguém conseguia juntar duas frases se Carrie estivesse presente, pois era grande a sua insistência em chamar a atenção sobre si. Era como se ela quisesse subir a um palco e fazer todos ficarem calados na platéia, só para escutá-la.

Certa vez, porém, fui a seu quarto quando ela estava brincando com duas primas. O quarto era decorado com tons e estampados suaves e apagados. Os rosas e azuis claros escolhidos eram perfeitos para sua personalidade, assim como os xadrezes e os florais, pois não a colocavam tanto no centro das atenções. Eu mal pude acreditar — ela estava quase passiva, sem dúvida igualitária, brincando com aquelas duas crianças, e minha presença mal foi percebida além de um rápido olhar. Não sei se era porque ela estava em seu quarto ou porque a sala toda branca incitava sua gabolice. Mas sei que as pessoas ficam em evidência em ambientes inteiramente brancos e que essa cor pode ser uma péssima tela de fundo para as áreas de reunião se houver uma criança que tende a precisar ocupar o centro das atenções.

Se tivessem me perguntado, eu teria sugerido que fossem jogadas algumas mantas de cores suaves no sofá e mudadas algumas das pinturas da sala para que esta ganhasse mais cor e textura, diminuindo o intenso foco que a decoração colocava nas pessoas que a ocupavam.

Como Usar as Cores

Uma coisa é escolher uma cor e outra é decidir quanto dela utilizar, onde aplicá-la e por quanto tempo mantê-la num determinado espaço.

Quantidade

A maioria das crianças precisa de uma mistura de cores no seu ambiente. Para selecionar uma cor predominante, compare as necessidades da personalidade de seu filho com as características das cores. Qual a cor que traria mais vantagens para ele? Outras necessidades poderiam ser satisfeitas com quantidades menores de cores secundárias. Não existem cores que não possam agir em conjunto, portanto não se preocupe com a estética. Na natureza todas as cores ficam bem lado a lado.

Apenas em casos extremos seria vantajoso selecionar uma única cor. Só pense em criar uma atmosfera assim radical se seu filho precisar de alívio máximo para uma única característica negativa.

Local

A colocação das cores tem importância idêntica à das próprias cores. Há vários locais importantes a considerar em qualquer aposento. Eles são, nesta ordem, a parede que primeiro se vê ao entrar, as áreas vistas a partir dos locais em que há maior freqüência de atividades (a cama, uma mesa de jogos, ou o chão) e outras superfícies usadas para brincadeiras. Naturalmente, se seu filho passa mais tempo em determinada parte do quarto, esse local é o mais importante. A cor que deve predominar deve ter ampla cobertura em pelo menos uma dessas áreas.

Mudança

Finalmente, é divertido pensar em formas de montar um quarto que possa acomodar facilmente as mudanças enquanto seu filho cresce. Já que os estágios da infância se sucedem com velocidade, é interessante criar um espaço versátil, que permita flexibilidade, de modo que quando for preciso mudar, não seja necessário muito dinheiro nem tempo para fazer as alterações. Você certamente vai querer evitar que um adolescente tenha que viver num quarto pensado para uma criança de 7 anos ou que uma criança em fase pré-escolar se prenda aos motivos usados em quartos de bebês.

Deixe-se guiar pela imaginação. Eu sempre acho que as vitrines criativas podem dar idéias ótimas. E o mais importante é deixar seu filho participar do processo quando tiver idade para isso.

As Cores e os Estágios da Primeira Infância

O restante deste capítulo é dedicado à análise dos estágios da primeira infância à luz do uso genérico das cores. As informações a seguir fornecidas, juntamente com as características específicas de seu filho, o ajudarão a criar espaços maravilhosos para ele.

O Estágio do Eu, Eu e Eu Mesmo (do Nascimento aos 18 Meses)

Durante os primeiros 18 meses de vida, a criança está absorta em aprender a identificar e definir os objetos do mundo físico. Por conseguinte, as formas das bordas e os contornos são importantes. Quanto mais nítidos forem os limites, mais fácil será determinar a forma. Um bebê percebe os objetos que têm forte contraste com o fundo. À medida que a idade vai chegando perto do fim do limite deste estágio, a criança tem menos dificuldade para identificar o perímetro de formas complexas. Quanto mais jovem a criança, mais claramente delineadas devem ser as formas do seu ambiente.

As cores claras, sem muitos contrastes, deixam o mundo difuso e amorfo. Portanto, as cores cheias são desejáveis. Isso significa simplesmente usar cores primárias sem nada que abafe ou torne seu impacto mais leve. O uso de cores primárias num campo de cores contrastantes facilita a percepção de uma determinada forma.

De acordo com Faber Birren no livro *The Power of Color*, as **combinações de cores mais fáceis de discernir** pelo olho humano são, em ordem decrescente, as seguintes:

amarelo sobre negro
negro sobre amarelo
verde sobre branco
vermelho sobre branco

azul sobre branco
branco sobre azul
negro sobre branco

As cores puras definem claramente os objetos. Mas os padrões também são apropriados. Ao escolher as cores para o quarto de um bebê, leve em conta o seguinte:

as cores puras são as mais nítidas
as listras definem o comprimento
os círculos prendem a atenção
as formas rombóides incitam a busca de um padrão
os quadrados concentram a atenção

Em geral as formas grandes, com contornos claramente definidos, são mais nítidas, já que exigem mais concentração do olho que os padrões pequenos.

As formas grandes, nítidas, são melhores para os quartos de bebês.

O Estágio do Mágico (de 18 Meses a 3 Anos)
O Mágico está suspenso num mundo entre o eu indiferenciado e a emergência do eu em separado. O estágio do Mágico caracteriza-se pela convicção que a criança tem de ser o centro do universo. Só com o tempo as crianças que estão nessa fase aprendem a reconhecer que o mundo existe separadamente e não está sujeito a seu controle. (O Mágico passa ao estágio do Pé na Estrada da Razão quando percebe seu ego claramente separado.)

A redundância em termos de cores em locais destinados a atividades semelhantes ajudam o Mágico a fazer a ligação entre os diferentes aposentos. Por exemplo, se usar cestas para guardar os brinquedos de seu filho, use cestas de uma só cor, independentemente do local em que elas fiquem. Se você tiver vários filhos e só um deles estiver no estágio do Mágico, guarde só os brinquedos dele em cestas de uma só cor na casa. As opções de cores podem aumentar a noção de espaço dele, e a repetição de um tom pode ser reconfortante. À medida que as crianças aprendem a entender a natureza do eu, seu mundo precisa parecer ainda mais seguro. A repetição fornece esse grau de tranqüilização.

Baseie-se nestas linhas gerais ao selecionar as cores para o espaço do Mágico:

> repita cores em locais cujas atividades estejam relacionadas
> preste atenção às cores existentes nesses locais
> use no dormitório da criança a mesma cor usada no local de reunião da família

O Estágio do Pé na Estrada da Razão (de 3 a 6 Anos)
Leve em conta que, durante este estágio, está ocorrendo a emergência do eu diante do ambiente circundante. Qual a relação entre o ambiente natural e o espaço de seu filho? Muitas vezes os pais enchem o quarto dos filhos com cores baseadas em tons sintéticos, ao invés de dar preferência às cores existentes na natureza. Neste estágio do desenvolvimento, o melhor é criar espaços para brincadeiras que reproduzam a variedade e os tons do espaço ao ar livre.

Procure filtrar a luz natural. Moldes vazados ou guirlandas de figurinhas recortadas pendurados nas janelas criam formas dançantes nas superfícies próximas. Como na natureza, a variedade alimenta mais que a sobriedade, mesmo quando a luz é usada como paleta. Um aposento decorado com cores demasiado fortes pode inibir a imaginação. A variedade de cores moderadas baseadas na natureza é o mais adequado às crianças que se encontram nesta fase do desenvolvimento.

Moldes vazados diante de fontes de iluminação permitem a mudança de padrões em qualquer superfície colorida.

Em todas as áreas de uma casa, a paleta deve estar em sintonia suficiente com a natureza para permitir que, se as paredes fossem removidas, os aposentos dessem a impressão de fazer parte do cenário. Se a casa parece natural em sua localização geográfica, a paleta usada reforça a relação das pessoas com o local. Se você já teve a oportunidade de visitar pessoas naturais do norte dos Estados Unidos transplantadas para a Flórida que mantiveram suas cores escuras após a mudança, então sabe como é um cenário fora de sintonia com a paisagem.

⊚   ⊚   ⊚

Finalmente, não se preocupe em fazer do quarto de seu filho um ambiente digno de figurar nas páginas brilhantes das revistas de decoração. O mais importante é respeitar o temperamento de seu filho, usando acessórios em cores que realcem seus pontos fortes. A escolha de cores que completem a personalidade dele o dotarão de coisas bem mais importantes que o bom *design*.

> *Quando a criança sofre um trauma, as cores usadas no ambiente podem deflagrar reações muito fortes. Lembro-me do dia em que meus pais se mudaram e levaram-me do bairro onde passei minha infância e cresci ao lado de tantos de meus parentes próximos. Em nossa casa, de duas famílias, também viviam meus primos, que eram para mim quase como irmãos. O abandono do território familiar e a entrada em território desconhecido está indelevelmente associado em minha mente a um carro azul-escuro. O carro lá de casa estava lotado de trecos que não podiam ser entregues à perua que fazia as mudanças. Meu mundo estava desaparecendo nas garras de um monstro de aço azul-escuro e eu estava arrasada. A dor da separação estará para mim sempre associada a essa recordação. Nos meus 25 anos de motorista, jamais escolhi, desejei nem comprei um carro azul nem tampouco comprei nenhum material de forração em nenhum tom de azul. Coincidência? Eu não acho.*

8

Espaço para o Movimento

A jornada da vida começa com a viagem do óvulo do ovário para o útero e a corrida dos espermatozóides rumo ao óvulo. A vida dá a largada em seu caminho inevitável quando o zigoto se divide. Assim, de certa forma, o movimento é a expressão inicial da vida.

Muitas reações automáticas estão associadas ao movimento. Os olhos abrem-se quando estamos espantados, e os lábios curvam-se para cima quando estamos felizes e também quando sentimos medo. Essas são reações comuns. Mas você já havia percebido que o nariz se franze instintivamente quando sentimos um odor desagradável? Mexer várias partes do corpo é uma reação intrínseca a diversas experiências.

Um Ambiente com Textura, Movimento e Espaço para a Movimentação

Os pais ficam preocupados quando os filhos ficam muito quietos. A criança que fica imóvel por muito tempo desperta o desejo de perguntar se ela está se sentindo bem, se está satisfeita, chateada ou triste. Por outro lado, filhos que engatinham, rolam, sorriem e olham em torno de si deixam os pais tranqüilos. Muito já foi escrito sobre as crianças reprimidas e privadas de contato físico, muitas vezes encontradas nas instituições. Quando não recebem atenção por algum tempo, elas se tornam imóveis e sem reação.

Textura

Com base no feng shui, podemos inferir que a experiência das texturas em sua rica variedade pode seguramente influir na inclinação das crianças para a investigação e, assim, em seu nível de atividade. A variedade de texturas estimula a exploração.

Faixa de Texturas

Textura	Item
Estimulante ao tato	Com estrias, como veludo cotelê Com pêlo liso e macio, como o veludo Com fios tecidos à mão Com pêlo irregular, como o atoalhado
Frio ao tato	Sedoso Acetinado Fibra natural com trama aberta
Quente ao tato	Tecidos com trama densa Lã Acolchoado, como um edredom Aquecido, como uma bolsa de água quente envolta numa toalha
Seca	Blocos Livros Brinquedos sem movimento Luvas de pegar panelas
Molhada	Brinquedos para o banho Esponjas Pincéis para uso com tinta ou água Areia molhada Vasilhas fundas com água para brincar com brinquedos pequenos

Movimento

Tudo o que se move cativa o olho humano. Essa atração instintiva é uma reação biológica de proteção que visa à sobrevivência. Nos primórdios de nossa espécie, a capacidade de discernir a presença de predadores era crucial.

O movimento indicava a presença do tigre, cujo arfar agitava as folhas próximas, e a cobra, cujo deslizar fazia a grama abrir-se. Os seres humanos desenvolveram a habilidade nata de detectar o movimento porque ele poderia sinalizar a necessidade de uma reação rápida. Um quarto infantil que não tenha objetos que se mexam sozinhos é um ambiente sem graça, que não vai estimular nem intrigar seu ocupante. Coloque alguns destes objetos que têm movimento próprio no espaço de seu filho:

Reação ao Movimento do Ar
móbiles perto da janela ou da porta
fitas presas a ventiladores de teto
cortinas leves
mensageiros do vento (de bambu, metal ou sininhos) pendurados na
  porta do armário ou de entrada — uma vantagem extra é o som

Reação ao Manuseio
almofadas ou travesseiros cuja forma mude com o uso
saquinhos recheados de feijão
rodas
bolas de todas as formas e tamanhos
balões
plumas

Espaço para a Movimentação

Leve em consideração a necessidade de seu filho de movimentar-se em meio ao espaço. Embora aceitemos o fato de que as crianças gostam de explorar e de se mexer, muitas vezes não pensamos em como estimular diversos movimentos. Faça com que seu lar dê a seu filho opções de movimentar-se livremente pelo espaço e de adotar diferentes posturas.

Movimentando-se Livremente pelo Espaço

De pé na entrada dos aposentos freqüentados por seu filho, procure ver quantos caminhos existem para que ele se movimente sem bloqueios. Lembre-se que as crianças não só podem, mas também conseguem espremer-se em meio a espaços proibidos aos adultos. Se houver uma mesa lateral que não esteja colocada diretamente contra uma cadeira, por exemplo, é bem possível que a criança consiga passar apertando-se entre as duas.

Retire todos os fios, passadeiras e protetores de tapetes em que a criança poderia tropeçar ao tentar passar num espaço exíguo onde não caberia um adulto. Se você não conseguir dar pelo menos três passos no quarto de seu filho ou três ou quatro passos no principal espaço de convivência da casa sem ter de parar, então não há espaço suficiente para que a criança possa ter uma sensação de liberdade. Além disso, deve haver no mínimo dois diferentes caminhos num ambiente para que haja opções adequadas de movimentação. Mude a arrumação de mesas e outros móveis se for necessário.

Adotando Diferentes Posturas Corporais

O corpo da criança é mais flexível que o da maioria dos adultos. Quando não há limitações físicas, a criança anda, pula, rola, inclina-se, saltita e corre com facilidade. O movimento é tão natural à primeira infância quanto o fato de a água descer as ladeiras.

Se comparado ao uso que as crianças dão ao espaço, o dos adultos é bem simples. É bem provável que nenhum de nós possamos lembrar da última vez em que usamos a cama como cama elástica, as almofadas da sala como obstáculos para saltar ou o chão como área para brincar. Analise os espaços que seu filho usa verticalmente. Pense no espaço das crianças como uma grande escada e veja quantos degraus existem e a facilidade com que elas podem passar de um a outro. Se o chão, os assentos e a cama forem os únicos planos disponíveis, procure acrescentar outros.

Movimentos Que se Fazem ao Ar Livre Dentro de Casa

Um dos principais objetivos ao criar um espaço para seu filho é dar-lhe oportunidades de se movimentar dentro de casa como faria ao ar livre. Lembre-se: quanto mais oportunidades de diversidade de experiências, mais perto da complexidade dos espaços naturais estará o espaço construído. Já que a anatomia humana foi projetada para resistir à exposição ao espaço natural e sobreviver nele, é uma decisão sensata observar as opções de movimento proporcionadas lá fora e reproduzi-las aqui dentro. Eis a seguir uma lista de comparações que lhe permitirá algumas boas opções em termos de gama de movimentos:

Reprodução de Oportunidades de Movimentos Feitos ao Ar Livre

Níveis de Espaço	Seu Equivalente ao Ar Livre
Penetrar em espaços ao nível do chão	Cavar buracos, enterrar-se na areia, explorar cavernas
Passar por vários níveis diferentes	Correr ou rolar ladeira abaixo

Sentar-se logo acima do nível do chão	Sentar-se num tronco caído, numa rocha, na margem de um riacho
Escalar algo acima do nível do joelho	Trepar em galhos de árvores baixas ou pilhas de pedras
Andar em superfícies irregulares	Equilibrar-se num tronco colocado sobre um riacho
Escalar alturas	Trepar numa árvore ou escalar uma montanha

Penetrar em Espaços ao Nível do Chão e Rastejar sob as Coisas

Não, não precisa escavar o assoalho nem fazer buracos no chão para recriar a natureza em sua casa. Conheço um casal que fez uma caixa de madeira com tampa removível. Fechada, a caixa era usada pela criança como assento, sobre o chão. Mas quando a tampa era retirada e a caixa colocada de lado, transformava-se numa caverna em que a criança se escondia. No fim, a caixa tornou-se o local favorito da criança, que levava para lá seus livros quando queria folheá-los. Pense

Um banquinho de quatro pés, um tubo largo ou uma mesa cobertos com uma toalha podem ser o ponto de partida para experiências de descoberta e aventura.

na satisfação da sensação de aconchego de ler com uma lanterna sob as cobertas. As crianças adoram os locais semelhantes a cavernas quando querem dedicar-se a atividades mais tranqüilas.

Se a carpintaria não é seu forte, crie o mesmo tipo de experiência construindo uma "caverna" com retângulos de espuma de borracha forrada com fronhas e coberta com um lençol translúcido. Ou use um banquinho ou mesa e uma toalha comprida.

Passar por Vários Níveis Diferentes

Pense na diferença entre brincar numa tranqüila piscina e nadar no mar. Embora ambas as experiências sejam refrescantes, só a estimulação proporcionada pelas ondas é verdadeiramente tonificante. Ao criar espaços em que seu filho possa usufruir de diferentes níveis de movimento, você certamente não quer *apenas* áreas de muita atividade, mas algumas poucas áreas bem selecionadas. Procure encontrar um espaço em que ele possa correr alegremente sem nenhum risco — elimine os objetos pontiagudos, as relíquias quebráveis e os fios e pontos de eletricidade. Depois ponha alguns itens macios no chão: coloque travesseiros sob cobertas ou empilhe várias delas perto das paredes. O importante é que ele sinta que tudo está ao seu alcance. As crianças gostam de ficar de cabeça para baixo. Sofás, cadeiras ou mesmo um nicho na parede podem transformar-se em plataformas em que elas podem pendurar-se como morcegos.

Você pode usar também outros objetos domésticos, como o equipamento para prática de *step*, para criar variedade sem sair do nível do chão. As plataformas de *step* podem ser empilhadas para formar um platô resistente, assim como os almofadões e as assadeiras maiores. Observe que esses itens podem transformar-se em outras coisas: a plataforma de *step* pode tornar-se uma prateleira para colocar os brinquedos; os almofadões, as muralhas de um forte; e a assadeira, um contêiner para brinquedos pequenos.

Subir a um Nível acima do Joelho

Com os pés fora do chão — mas não tão alto a ponto de causar trepidação nos pais — as crianças atingem um ponto estratégico que lhes permite a sensação da aventura, mas sem riscos. Uma caixa de papelão fechada com fita adesiva atende a esses requisitos, assim como uma prancha colocada entre dois assentos. Os bancos são muito úteis: são não apenas pequenos e transportáveis, mas transformam-se facilmente num túnel sob o qual rastejar. As casas de material de construção costumam vender canos usados como moldes para concreto. Com um pequeno furo, podem ser presos ao chão, oferecendo uma superfície lisa e arredondada para escalar e um espaço escuro como uma caverna para transpor serpenteando.

Escalar Alturas

Às vezes tenho de subir na bancada da cozinha para tirar algo da última prateleira dos armários. A perspectiva do espaço visto de cima é ao mesmo tempo uma novidade e uma emoção. As crianças adoram as vistas aéreas. Em todas as casas em que já vivi eu criei sempre um mezanino acima da principal área de convivência. Usado como dormitório para hóspedes ou área de brincadeira para as crianças, esse espaço é atingido por meio de uma escada fixada à sua parte inferior e logo se torna o espaço predileto das crianças em visita.

Um simples balanço à moda antiga, aros presos com cordas ao teto, um pedestal afixado ao piso ou prateleiras estreitas, de cerca de cinqüenta centímetros, colocadas a pouca altura do chão, todos constituem alternativas para criação de espaços até os quais se pode escalar.

Limites

Talvez pular em cima dos sofás e pendurar-se nos puxadores das cortinas e persianas seja recomendável do ponto de vista do desenvolvimento, mas são comportamentos difíceis de tolerar, a menos que você crie espaços apropriados para satisfazer a necessidade básica que a criança tem de movimento. Além disso, os adultos costumam ficar confusos diante da imprevisibilidade dos movimentos infantis. A única forma de evitar chateações é estabelecer limites adequados dentro de casa.

Os limites permitem acesso a territórios diversos. Pense na sedução de uma porta que dá para uma área inexplorada, pela simples emoção de descobrir o que está escondido por trás. Após a exploração, a criança terá pleno conhecimento do comportamento que se espera dela. Mesmo dentro da concepção aberta de muitos dos centros voltados para a primeira infância, existem os pisos diferentes e a posição dos objetos para estabelecer os limites. Lembre-se de manter algumas coisas escondidas no espaço de seu filho. As oportunidades de descoberta são muito importantes para a sensação de domínio na primeira infância. Um espaço infantil bem planejado poderia ter vários dos elementos que transmitem a noção de limite sugeridos abaixo:

cortinas
tapetes
a parte traseira dos móveis
biombos
caixas empilhadas
cordas penduradas

Os limites ajudam as crianças a manifestar o autocontrole, pois quando há expectativas claras e concisas, é mais fácil reagir de acordo. As crianças só partem para alternativas menos aceitáveis quando não há opções suficientes para elas testarem os limites de suas capacidades físicas.

As crianças precisam da liberdade de poder saltar sobre as coisas, correr em direção a elas, trepar, mover-se de olhos fechados, tropeçar, pular e rastejar para expressar-se plenamente no espaço. Dê-lhes oportunidade de experimentar diversos movimentos para atender a essas necessidades. Movimentando-se através do espaço as crianças aprendem o domínio, o que aumentará sua autoconfiança.

Parte II
As Crianças

9

A Fada Zum-Zum
Criando Juntos um Quarto para o Seu Filho

Este capítulo pretende mostrar-lhe como criar uma parceria com seu filho por meio da historinha da Fada Zum-Zum.

Para tanto, você precisará explicar a ele novos conceitos e palavras. Eles precisarão ser utilizados quando vocês forem criar juntos o quarto dele. Quando seu filho tiver aproximadamente 3 anos de idade, a história da Fada Zum-Zum e o feng shui poderão realmente ajudá-los a criar juntos um ambiente que seja mais significativo para ele. Leia-lhe a história do início ao fim, talvez algumas vezes durante algumas semanas.

Papai e mamãe, vamos lá!
Vale a pena acreditar;
Vocês não imaginam que lugar
Novo e bacana vai ficar.
Vamos aprender uma coisa
Que não se sabia até agora.
Com o seu filho/ou sua filha no colo
Comecem a ler esta história!

Criando um Quarto

Ontem à noite eu sonhei
Com uma fada madrinha
Voando na minha janelinha.
Que bonita era sua carinha!
"Quem é você?", perguntei.
"Eu sou a Fada Zum-Zum."
Ela pulou pro meu quarto
E caiu fazendo: "pum!"
Que susto! Quase tive um enfarto.

"Vim lhe mostrar — pode parar de procurar.
Tudo que você precisa aqui já tem!
O seu quarto vai ser
Um bom lugar pra você
Crescer forte, feliz e inteligente também!"

E então, sacudindo a sua varinha de condão,
Fez sumir tudo o que havia no meu quarto, até o colchão.

"Vamos deixar essas coisas lá fora, no chão.
Com calma, depois, elas voltarão.
Antes disso, porém,
O que eu sei, você vai aprender também."

E de repente, zunindo como um raio,
A Fada Zum-Zum voou pelos céus
Puxando três lindos papagaios,
Que flutuavam como véus.
Seus nomes eram bem raros:
Tao, *yin* e *yang* e *ch'i*, é claro.
"Você vai aprender o que são,
mas preste muita atenção."

Yin e yang

Ch'i

"O *Tao* é apenas o jeito natural
De a gente viver, trabalhar e brincar.
Confiar em um lado só não dá —
Nem viver o físico sem o mental."

"Se você trouxer todas as coisas vivas —
Os bichinhos, as plantas e até os insetos
Ou mesmo uma foto de teleobjetiva —
O Tao vai estar com você no projeto."

Ótimo, eu tenho aquela foto ainda,
Quando a gente visitou o tio João:
A fazenda, as vacas, a cabra e a dinda,
E a mamãe e eu de casacão!

E tenho também um feijão crescendo
com três folhinhas já nascendo.
E o ursinho? Se ele também voltar,
A natureza vai entrar?

Eu nunca fiquei tão espantado/a,
Mas, enquanto eu estava ali sentado/a,
Meu quarto começou a nascer de novo.
O Tao é assim:
Se a natureza estiver dentro de mim,
Então ela é minha até o fim!
Num minuto foram voltando minhas coisinhas
"Fada Madrinha!", gritei. "Isso é fichinha!"

"As próximas palavras são dois extremos,
Como brincar de verdade ou sonhando.
Yin e *yang* nós as chamamos
E são opostas, o que dá no mesmo.
Se andar e correr são só duas formas de chegar,
Rir e chorar são também duas formas de caretear."

"Se o açúcar é doce e o sal é salgado,
Se a noite é escura e o dia é claro,
É porque um oposto precisa do outro
Como o frio, do calor e o espinho, da flor."

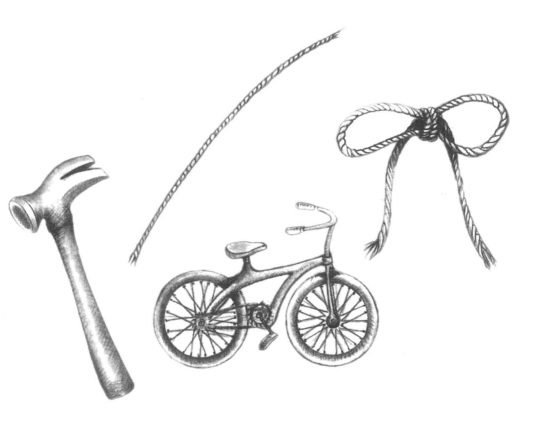

"Já sei!", disse, pulando igual a palhaço.
"Como o martelo é pra trabalhar
E a bicicleta é pra brincar.
Uma corda, se não for um laço,
É pra pular."

Grande e pequeno, depressa e devagar,
Acima e abaixo, rasgar e costurar:
Os opostos se misturam, como as cores,
E tornam os extremos um pouquinho melhores.

Quando sentir calor, ligue o ventilador.
E quando cansar, deite na cama pra sonhar.

Então tudo que na minha cama havia
Voltou voando pro meu quarto, quem diria,
Junto com meus brinquedos,
Bonecas, carrinhos e outros folguedos.
"Pra poder brincar, é preciso dormir
E os opostos têm de existir!"

"Vamos terminar enquanto é cedo?
Quero que isto fique em segredo."

"Pois, então, vamos sim.
O que vai nos ajudar é o ch'i.
Quando ele é bom, é energia
Que faz você pular como pipoca.
Ch'i é tudo que se ouve, se cheira, se vê e se toca.
Com ele, o mundo é uma alegria."

"Tem ch'i que faz a gente ficar pequenininho.
Tem ch'i que pode parar até uma bola de neve.
Tem ch'i de cheiro bom e ch'i de cheiro ruinzinho.
Tem ch'i que a gente gosta e ch'i que nem deve.
Tem ch'i que queima roupa, pele e corda.
E o ch'i do sorvete é um ch'i que engorda."

Voltaram tapete, cadeira, cama e gibi.
"Nossa, quanta coisa eu aprendi!"

Lá fora ficaram umas coisas também
Que não me deixam ficar bem.
"Aquela flecha pontuda não tem bom ch'i,
Pois pode me machucar bem aqui!"

Meu quarto tinha voltado
Afinal um pouco mudado,
Mas em nada havia perigo.
Não parecia um museu.
Disso tínhamos cuidado,
Juntos, meus novos amigos —
Tao, yin e yang, ch'i — e *eu*!

Então a Fada Zum-Zum pulou no ar,
Jogando pó de estrelinha antes de voar.
"Tem muito mais coisa pra você aprender,
Por isso eu sei que vou voltar a aparecer."

"Você será meu filhote de Ch'i —
Meu filhotinho de sagüi."

"Por enquanto basta lembrar:
Nos seus três novos amiguinhos —
O Tao, yin e yang e o bom e o mau ch'i —
Você pode sempre confiar."

Então ela me deu um beijo aqui
E, voando pelo céu, disse:
"Até logo, meu filhote de Ch'i!"

10

O Teste das Crianças

Este teste foi feito pensando em ajudá-lo a descobrir quais as tendências de seu filho em relação aos princípios básicos do yin e yang e dos cinco elementos do feng shui, além de reforçar sua compreensão dos conceitos do ch'i e do Tao conforme a perspectiva do feng shui.

O teste é dividido em várias partes, ao fim das quais encontram-se respostas e análises. Se tiver mais de uma criança em casa, teste cada uma separadamente. Ele é adequado a crianças que já sabem identificar e distinguir animais e cores, compreendem as situações sociais elementares e tiveram experiências de vida de razoável diversidade. A criança que está perto do fim do estágio do Pé na Estrada da Razão deverá ser capaz de responder às perguntas do teste. Os resultados fornecerão aos pais um material muito importante.

A fim de aprender a manipular o ambiente de seu filho, é importante compreender a forma como ele geralmente se relaciona com a realidade. Primeiro avalie a personalidade dele por meio da observação e depois aplique o Teste das Crianças para verificar sua avaliação.

Os Cinco Elementos

As reações do seu filho às ilustrações a seguir devem revelar suas inclinações elementais. Faça-lhe as perguntas correspondentes a cada ilustração. As respostas provavelmente mostrarão qual a tendência dele em termos da categoria de personalidade baseada nos cinco elementos.

1. Qual destes animais você prefere?

2. De qual deles você gosta menos?

O Teste das Crianças 119

A girafa representa a madeira; o polvo, o metal; o pássaro; o fogo; o elefante, a terra; e o peixe, a água. Provavelmente o animal preferido de seu filho é a característica elemental predominante em sua personalidade. O animal de que ele menos gosta é o elemento que menor expressão tem na personalidade dele.

O Ch'i

Use esta parte para mostrar a seu filho exemplos de bom e mau ch'i. Descrevam juntos cada uma das cenas e repasse com ele qual o tipo de ch'i que ela representa.

3. Exemplos de Bom e Mau Ch'i

Bom Ch'i

Expressar-se por meio da música e da dança

Mau Ch'i

Machucar outra pessoa

Bom Ch'i	**Mau Ch'i**

Ler um livro	*Sons altos*

Pular corda ou outra atividade física	*Não prestar atenção ao ambiente*

Quando o seu filho conseguir dizer quais das situações representam bom ch'i, terá aprendido bem o princípio.

Yin e Yang

As perguntas desta parte são relativas a yin e yang. Após determinar as tendências yin ou yang de seu filho, você poderá decidir que tipo de ambiente o faria sentir-se mais à vontade.

As personalidades das crianças podem tender para yin ou yang, embora no geral a infância seja um estado yang. Como as crianças são por natureza exuberantes e literalmente parecem explodir de energia, é importante determinar o temperamento básico de seu filho para definir se deve estimular mais os aspectos yin ou yang no ambiente em que ele vive.

Use a pergunta 4 para ensinar a seu filho o que se classifica como yin e o que se classifica como yang. Leia cada um dos itens da lista para ele, dizendo-lhe a qual dos dois opostos pertence.

4. Exemplos de Yin e Yang

YIN	YANG
pequeno	grande
doce	azedo
escuro	claro
frio	quente
ondulado	reto
silencioso	ruidoso
magro	gordo
fechado	aberto
em repouso	em ação
lua	sol
planície	montanha
águas paradas	ondas
inverno	verão

Quando seu filho souber dizer o que é yin e o que é yang, terá aprendido bem o princípio.

É provável que você tenha uma boa noção a respeito da predominância de yin ou yang na personalidade de seu filho. O que você talvez não saiba é se interiormente o seu espírito ou eu afetivo combina com o que é mostrado exteriormente. Este teste destina-se a revelar a dimensão e o alcance do que seu filho sente dentro do contexto de yin e yang. Em outras palavras, uma criança normalmente extrovertida pode na verdade precisar ou querer uma atmosfera yin, mais tranqüila. Na medida em que sua avaliação de seu filho for coerente com as opções dele neste teste, você poderá definir se deve contrabalançar ou estimular as suas tendências naturais.

5. De que lado do desenho você gostaria de viver?

Yin — a cena noturna; yang — a cena diurna.

Para as questões 6-17, mostre as ilustrações a seu filho e faça-lhe as perguntas. As respostas estão no final deste capítulo.

6. QUE PARTE DA BOLA VOCÊ PREFERE?

a parte com listras

a parte com círculos

7. Qual destas caixas você prefere?

a caixa vermelha triangular

a caixa ocre quadrada

a caixa verde retangular

a caixa metálica redonda

a caixa azul irregular

8. Em qual destes lugares você gostaria de viver?

na tenda vermelha

na casa de madeira
numa árvore alta

no barco azul num lago
tranqüilo

no veleiro nas ondas do mar

num iglu

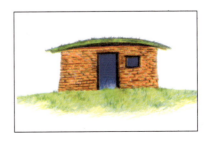

na casa de tijolos quadrada

9. Qual destes blocos vocês prefere?

o quadrado, pintado de cores escuras

o retangular, pintado de cores claras

10. Qual das camisetas você gostaria de usar?

a listrada

a manchada

11. Quem você preferia ser?

o urso lambendo mel

o canguru saltando a fogueira

12. Como você gostaria de viajar?

no foguete

nas costas do caramujo

13. O QUE VOCÊ GOSTARIA DE VER PELA JANELA DO SEU QUARTO?

uma noite estrelada

uma cama elástica ao sol

14. Qual das cômodas você prefere no seu quarto?

a baixa

a alta

15. O QUE VOCÊ GOSTARIA DE EXPLORAR?

as nuvens

uma caverna

16. Qual das duas brincadeiras você prefere?

bola, na rua

jogo de tabuleiro, dentro de casa

17. Com quem você prefere conversar?

um amigo

um grupo de amigos

Na tabela abaixo estão as respostas para as questões 6-17, agrupadas como yin e yang.

Nº	YIN	YANG
6.	a parte com círculos	a parte com listras
7.	a caixa ocre quadrada a caixa metálica redonda a caixa azul irregular	a caixa vermelha triangular a caixa verde retangular
8.	no barco azul num lago tranqüilo num iglu na casa de tijolos quadrada	na tenda vermelha na casa de madeira numa árvore alta no veleiro nas ondas do mar
9.	o quadrado, pintado de cores escuras	o retangular, pintado de cores claras
10.	a manchada	a listrada
11.	o urso lambendo mel	o canguru saltando a fogueira
12.	nas costas do caramujo	no foguete
13.	uma noite estrelada	uma cama elástica ao sol
14.	a baixa	a alta
15.	uma caverna	as nuvens
16.	jogo de tabuleiro, dentro de casa	bola, na rua
17.	um amigo	um grupo de amigos

Seu filho poderá sentir-se atraído por determinada ilustração devido à sua cor ou forma. Se a explicação dele para a escolha mencionar cor ou forma, talvez ele precise do elemento que elas representam. Da mesma forma, se uma figura não for selecionada devido a sua forma ou cor, o contrário se aplica. Além disso, pode ser que seu filho escolha determinadas figuras devido a associações com livros de histórias ou programas de tevê. Seja como for, ainda assim é provável que você descubra algumas pistas sobre as inclinações emocionais de seu filho mediante este teste.

Parte III
Considerações Especiais sobre os Diversos Aposentos

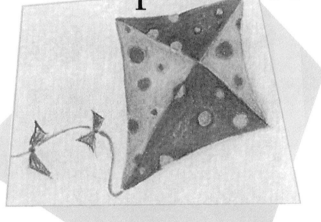

11

Área das Refeições

Quantas das suas lembranças da infância não estão ligadas a um jantar em família? Você prepara uma mesa especial para as crianças nas festas em sua casa? Lembra-se de sua mãe preocupada em determinar o lugar de cada um dos convidados para um jantar? A mesa de jantar é o último bastião da socialização familiar. Num mundo cheio de opções de lazer dentro de casa, a convivência familiar e a comunicação social em geral se limitam às refeições. Portanto, a posição ocupada à mesa tem muito peso na estruturação da autopercepção e nas atitudes da criança.

O Posto do Poder

Em geral, é impróprio para uma criança ocupar o posto do poder, ou principal, à mesa de refeições da família. Tradicionalmente, quem ocupa esse lugar e se senta na cadeira defronte da parede de poder (ver. Capítulo 6) é o responsável pela criança ou algum membro mais importante na família. Isso não quer dizer que um dos filhos não possa nunca ocupar esse lugar, mas é imperativo considerar o efeito disso sobre a família como um todo e sobre cada um de seus membros.

A parede de poder é a que está diante da entrada usada mais comumente. A escola do feng shui da pirâmide situa a entrada de qualquer espaço no umbral mais utilizado naquele aposento. A porta ou entrada principal pode ser ou não a mais freqüentemente usada. Por exemplo, a entrada mais usada para a copa onde as refeições são feitas pode ser através da cozinha ou de um aposento adjacente. A entrada, em termos arquitetônicos, nem sempre é a entrada principal.

A presença de uma janela sem cortinas atrás de um posto principal compromete seu poder, principalmente se essa janela estiver voltada para o oeste ou der para uma rua movimentada. Nesse caso, a luz do pôr-do-sol ou dos faróis dos automóveis serão elementos de distração. Assim, uma parede de poder que tem uma janela cuja vista distrai os olhos compromete o poder investido na pessoa que se senta de costas para essa janela.

Há muitos anos, tive clientes que não conseguiam entender por que o filho de 2 anos se tornava um ditador à hora das refeições. Segundo me contaram, o comportamento dele não era nada extraordinário em outros momentos, então desconfiei do padrão adotado para os postos à mesa de jantar.

E não deu outra. A mesa de jantar do casal era no fundo de uma sala de estar relativamente comprida. O filho sentava-se na parte mais longa da mesa retangular, de costas para uma parede sem janelas, no local que chamo de posto principal.

Como um rei no trono, o menino tinha uma visão total da sala e os pais viam-no diante de uma parede que não tinha janelas nem portas que lhes distraíssem a atenção quando o fitavam. A entrada da cozinha ficava à esquerda da criança, que é o lado para o qual as pessoas menos se voltam, e o pai sentava-se à direita dele. Para piorar as coisas, os pais sentavam-se cada um em uma cabeceira da longa mesa. A distância era grande demais para a intimidade e, inclusive, dificultava a conversa em geral, pois eles tinham de levantar a voz para serem ouvidos. O nosso "pequeno imperador" era o fulcro de tudo e de todas as atenções. Ele logo percebeu isso e usou seu posto para dar ordens dignas de um monarca.

A presença dos seguintes itens na parede de poder pode comprometer o posto principal. Eles dividirão a força da criança pelos outros integrantes da mesa.

Como Atenuar o Poder de um Posto Principal
paisagem externa movimentada
relógio com peças móveis
pintura com profundidade
entrada para outro aposento

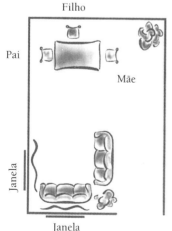

Um posto de poder (principal) clássico está diante da entrada mais utilizada e tem atrás de si uma parede cheia.

Mensagens nas Paredes

As paredes nos dão a oportunidade de colocar as mensagens que quisermos. Use-as para pendurar quadros ou recordações apropriados a quem estiver diante delas. Como disse antes, o jantar é o último bastião da conversa em família, pois é uma das poucas situações em que não se aceitam interrupções vindas de fora. Muitas vezes é a única ocasião em que ninguém atende o telefone e a tevê é desligada. Portanto, o que se vê aí tem maior influência sobre a criança do que num ambiente com outras distrações.

Somos biologicamente programados para verificar os limites dos espaços. É de nossa natureza buscar imediatamente o ponto mais distante de qualquer espaço para determinar se estamos seguros. Não faz muito tempo, visitei amigos que têm dois filhos, crianças alegres e bem-ajustadas. A mãe queixou-se de não saber por que o menino estava engordando tanto. Não havia ninguém com muito peso na família. Ela não comprava porcarias e sempre cozinhava alimentos saudáveis para os jantares da família. No entanto, o filho reclamava toda vez que ela deixava de servir doces para sobremesa. Após verificar qual o posto do menino à mesa, percebi que tinha uma resposta. Defronte do lugar em que se sentava, havia uma ilustração colorida de crianças brincando num lugar que só poderia ser descrito como um jardim de guloseimas. A imaginação do artista havia criado grama que parecia palitinhos de chocolate, flores que mais eram pirulitos e pedrinhas iguais a jujubas. O morro ao longe era como um panetone coberto de glacê branco. Não é de admirar que o garoto quisesse doces! Colocamos a gravura num corredor e, em seu lugar, pusemos outra que não tinha nada que ver com comida.

Ao escolher objetos para as paredes e decorar a área de refeições, leve em consideração as seguintes perguntas:

> Qual é o ponto mais distante da área?
> Qual o quadro que está pendurado nessa parede?
> Qual a sua mensagem?
> Quais as mensagens subliminares evocadas pelas cores da obra?
> Se houver uma janela, a vista está de acordo com o tom e o estilo da interação que você deseja para sua família?

A altura dos membros da família deve ser levada em consideração na hora de selecionar lugares à mesa. Se o local de refeições tiver, por exemplo, duas paredes com janelas, colocar uma pessoa alta sentada na frente de uma delas vai impedir a visão de outra mais baixa. A mais alta simplesmente tapa a visão da mais baixa.

Analise cuidadosamente a mensagem dos elementos colocados na área de poder de um aposento muito utilizado. Para uma criança, essas mensagens são importantes e duradouras.

> *As crianças assimilam subconscientemente todas as mensagens, inclusive as que nós não acreditamos haver enviado. Sempre fico abismada com as entrevistas que vejo na tevê, de pais cujos filhos, jovens, cometem crimes violentos com armas de fogo. Invariavelmente eles dizem que, embora tivessem armas em casa, ensinaram os filhos a ser responsáveis e a manejá-las corretamente. Mas como as crianças podem ver armas trancadas numa vitrine todos os dias de sua vida e não ficar fascinadas por elas?*

Posicionamentos ao Redor da Mesa

O posicionamento quase sempre tem papel-chave na maneira como nos vemos numa determinada situação. Se a inicial de seu nome for uma letra próxima do fim do alfabeto, talvez já tenha se sentido relegado a último plano. Se a arrumação na sua escola era feita conforme a altura e você era uma criança alta, como foi o meu caso na escola primária, então você sabe que ficar no fim da fila faz a gente se sentir deslocado. Da mesma forma, é importante ver quem se senta à cabeceira da mesa de refeições da família e quem fica excluído, sentado sozinho num canto.

A pessoa que se senta à sua direita sempre será mais olhada e também aquela com quem você falará mais freqüentemente. Quem se sentar à direita de seu filho será naturalmente o foco de sua atenção, a pessoa com quem ele mais conversará, a menos que haja outros fatores em jogo.

Se um de seus filhos mais velhos ignorar um mais novo, você pode colocá-lo à direita do primeiro para que assim este puxe conversa com o irmão mais jovem. Da mesma forma, se um de seus filhos implicar com outro, coloque a "vítima" à esquerda do que toma a iniciativa de pirraçar. Talvez você esteja se perguntando por que não colocá-los simplesmente um do lado oposto do outro à mesa. A questão é que, segundo um estudo feito por Edward T. Hall, considerado o pai da antropologia cultural, descobriu-se que os padrões ilustrados ao lado incentivam um maior nível de interação e conversa.

Além disso, Don Campbell, autor do famoso *The Mozart Effect*, acrescenta que, conforme sugerem seus estudos, se absorve mais conteúdo emocional quando a informação é escutada através do ouvido direito.

Se o número de membros da família for ímpar, tome cuidado ao determinar quem se senta ao lado de quem e quem se senta só. Nesse caso é melhor usar uma mesa redonda.

Considerações para Seleção dos Lugares Ocupados pelos Membros da Família à Mesa

NECESSIDADES	ONDE
Sentir-se seguro	Entre outros dois
Sentir-se livre	Ao fim da fileira ou à cabeceira
Estar perto dos pais	À direita, no caso de emoções, e à esquerda, para ouvir instruções (a depender do que a criança precise)
Criar independência	Na ponta da mesa ou com outro membro da família no meio
Reduzir o *stress* de brigas e outros confrontos	Alguma posição que não seja diretamente defronte do antagonista

Duas pessoas sentadas em ângulo reto provavelmente conversarão entre si.

Duas pessoas sentadas defronte uma da outra estão na segunda posição mais favorável à interação.

Duas pessoas conversam menos, uma com a outra, quando sentadas lado a lado.

Tammy tem trigêmeos: uma menina e dois meninos. Os dois últimos são gêmeos idênticos. Se os três fossem meninos, a arrumação à mesa de jantar talvez não fosse tão difícil. Mas existe potencialmente o problema de os meninos ficarem muito entrosados por causa do sexo e pelo fato de serem univitelinos. A menina poderia acabar se sentindo a

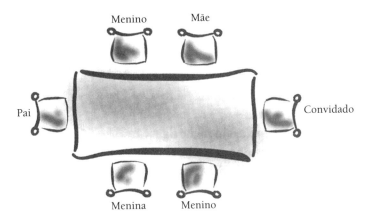

Essa disposição dos lugares à mesa evita que a menina se sinta excluída.

exceção. A ilustração mostra o que eu sugeri para a seleção dos lugares dessa família à mesa.

As crianças muitas vezes não querem ficar paradas nem sentadas. Ter de sentar é muitas vezes percebido como um castigo, pois elas costumam gostar de se mexer. A seleção de um lugar adequado à mesa, que promova seus interesses e minimize os conflitos, marcará a diferença entre a refeição como um acontecimento agradável da família ou apenas mais uma tarefa a cumprir.

12

Espaços de Convivência

É brincando que a criança adquire muitos dos instrumentos indispensáveis na vida. Diane Ackerman, em seu visionário livro *Deep Play*, definiu o brincar como "um estado de relacionamento natural com o ambiente". É exatamente isso o que um espaço de convivência deve promover.

O principal espaço de convivência do lar deve funcionar como um ímã para todos os membros da família. Ele nem sempre faz parte do projeto arquitetônico da casa; às vezes as famílias se reúnem na cozinha, na varanda, no gabinete, no sótão ou no dormitório principal. Não importa o nome que tenha, contanto que seja o local da casa no qual seus habitantes sempre queiram estar.

A fim de montar um espaço de convivência bem-equipado para sua família, é preciso determinar quais os tipos de atividades que ocorrerão nele. Entre essas atividades estão:

Tranqüilidade
- dormir, cochilar, descansar
- ler
- ouvir

Brincadeira
- atividades físicas
- atividades dramáticas

Descoberta
- trabalhos manuais
- bagunça
- alimentação
- artesanato
- ciências e natureza

Trabalhos em equipe

Você pode fazer uma seleção, se não quiser incluir todas as categorias. O importante é escolher aquilo que é essencial para seu filho e para toda a família.

Tranqüilidade

Nossa tendência é ver as crianças como seres ativos e barulhentos. Mas é notável o número de atividades infantis que exigem uma atmosfera calma e sem a interferência de muitos estímulos. Os adultos costumam relaxar em poltronas confortáveis, estirar-se em sofás e colocar as pernas em cima de qualquer coisa, mas as crianças são mais flexíveis. Elas se entregam de bom grado a atividades tranqüilas enroladas numa manta ao pé de uma poltrona, enrodilhadas debaixo da mesa ou recostadas numa almofada contra a parede.

Dormir

Quando Ben, meu ex-marido, era criança, escondia um alfinete de segurança toda vez que a mãe se preparava para ler-lhe uma historinha antes de dormir. Sem que ela percebesse, ele prendia a saia dela aos lençóis da cama na esperança de que ela não conseguisse mais se levantar e ir embora. Desejar a proximidade de alguém quando estamos adormecidos é uma motivação que tem seu fundo biológico na necessidade de conforto e segurança. Para as crianças, o chão, as poltronas, os sofás ou mesmo uma mesa são locais apropriados para descansar, principalmente quando você estiver por perto.

Meus amigos do Maine usam na sala, como mesa de centro, uma armadilha para pescar lagostas. Esse cesto tosco e resistente às vezes é usado como plataforma de descanso para o filho de 2 anos de idade, que adora cochilar ali, deitado sobre sua manta, com a cabeça em cima da perna esticada do pai. Não é preciso, de modo algum, criar um espaço à parte para o descanso.

Ler

As crianças precisam estar ao abrigo de outras distrações para ler ou escutar com concentração. Para esse tipo de atividade, é melhor não ter por perto nada que tenha linhas diagonais muito definidas, luzes oscilantes nem sombras e cores estimulantes como vermelho, amarelo ou laranja vivo.

Facilite a leitura colocando o livro sobre uma mesa ou bandeja. As bandejas para café na cama são excelentes, pois podem ser colocadas no chão, no sofá, na mesa e, claro, na cama. Elas são portáteis, fáceis de limpar e dobráveis.

Ouvir

Ouvir é muitas vezes considerado uma arte e, com ajuda do feng shui, você poderá eliminar os obstáculos ao seu cultivo.

Recentemente, conversando com meu amigo Barnaby, de 6 anos, soube que ele gosta ainda mais de suas aulas de computação e do recreio quando elas acontecem imediatamente antes deste. Como é uma criança extremamente ativa, ele precisa de uma chance para correr livremente após o período de sedentariedade imposto pelas aulas diante do computador. Para certas crianças, é preciso que os espaços tenham uma boa área para as atividades físicas de modo a contrabalançar o tempo dedicado a escutar.

Para facilitar as atividades que envolvem a audição numa área de convivência, leve em conta os seguintes fatores:

- Coloque a criança num local em que ela não veja nada vermelho, laranja ou verde.
- Idem para janelas, corredores ou portas.
- Para a criança, é mais fácil escutar quem estiver dentro de uma distância de, no máximo, cinqüenta centímetros. Além disso, ela terá mais facilidade em prestar atenção a alguém cujo calor ela possa sentir.
- Faça-a sentar-se de maneira que escute com o ouvido direito.
- Os odores dos elementos da terra contribuem para a concentração e a imobilidade. Limão e erva-doce são duas opções bem conhecidas.

Descoberta

A infância é uma época de grandes explorações, quando tudo se transforma em veículo para descobertas. Os espaços físicos devem ser muito flexíveis para que as crianças possam entregar-se totalmente às suas descobertas.

Trabalhos Manuais

Antes que seu poder de abstração mental esteja plenamente desenvolvido, o que predomina na criança é o poder de manipulação tátil. Dê a seu filho oportunidades de manipular as coisas, virá-las, abri-las, desmontá-las e montá-las novamente, juntá-las, separá-las e dar-lhes nova forma.

Quando meu primo, Alan, era menino, ele adorava desmontar relógios e qualquer outro mecanismo que conseguisse convencer meus tios de que conseguiria remontar. Acho que ele tinha medo de que os pais, vendo as molas, parafusos e peças espalhados no chão, não concordassem. Então ele pegava o seu troféu e se enfiava debaixo da mesa de jantar para dissecá-lo. Já que havia um corredor entre a sala de jantar e a sala de convivência da casa, ele ficava isolado, sem poder escutar o que se dizia lá. Se meus tios tivessem jogado uma toalha comprida sobre a mesa de jogos que havia naquele espaço de reunião, ele poderia ter privacidade e, ao mesmo tempo, participar — como ouvinte — da conversa. Em decorrência dessa separação, Alan cresceu tendo menos envolvimento com a família.

Bagunça

"Bagunça" não é palavra que esteja entre as favoritas dos pais. No entanto, a verdade é que, por natureza, as crianças não são organizadas. Fazer bagunça é tão natural quanto espirrar. Arrumação é coisa que se aprende. Portanto, é preciso que haja algum lugar na casa para um pouco de desordem e desorganização.

Mas as atividades que ao findar exigem limpeza e arrumação não precisam se tornar um pesadelo para os pais. Arranje vasilhas com água e farinha, pedacinhos de argila ou outro material maleável em recipientes plásticos rasos (1 ou 2cm, mais ou menos) para seu filho se divertir. Coloque as vasilhas em bandejas de bordas altas para que a água não se infiltre em outros locais. Quando a criança der mostras de haver perdido o interesse em brincar com esse material, tire a bagunça dali e limpe tudo.

Se você não se incomodar tanto em ter um pouco de desordem na sua área de convivência, aqui vão algumas sugestões que o ajudarão a controlar um pouco a bagunça:

- uma pequena piscina inflável, que só precisará ser desinflada para a limpeza (fora de casa)
- bandejas com bordas altas
- uma caixa de papelão grande e fechada com uma abertura lateral
- colchonete de espuma de borracha de 0,5cm para colocar no chão (pode ser enrolado com objetos dentro)
- forro de encerado para o chão

Controle o "material" da bagunça das crianças usando uma caixa grande de papelão.

Alimentação

Para as crianças, comer pode ser uma descoberta. Você pode deixar seu filho brincar com a comida sem precisar dar adeus a seus estofados. Antes de partir para a despesa de instalar um piso lavável, jogue um tapete de lona ou algodão sobre o piso existente e forre as superfícies mais próximas. Eu usava uma toalha plástica de mesa no chão, pois facilitava a limpeza: era só juntar as bordas e sacudir tudo do lado de fora. Uma amiga que tem piso de cerâmica usa um ventilador/secador para a limpeza: ela simplesmente "soprava" a sujeira porta afora.

Artesanato

Cestas com novelos de lã e linha, botões, tesouras para criança, cola, pedaços de papel, purpurina, revistas e lápis de cor podem ficar bem arrumados na própria sala. Guarde o material em baús ou cestas de vime, sob mesinhas laterais ou em gavetas. Qualquer tipo de material pode ser usado para passar o tempo de maneira construtiva enquanto a família está reunida.

> *Minha amiga Sue me contou que sua mãe, que sempre lavava a louça depois das refeições, enchia a pia de água com sabão e deixava os filhos "brincarem", muitas vezes com um batedor de ovos (manual), na água. Quando as crianças se cansavam da brincadeira, ela lavava os pratos e pronto — sua tarefa estava cumprida. A própria Sue dava à sua filha bicarbonato de sódio para brincar na banheira. A menina ficava brincando de pesar, colocar e misturar o bicarbonato enquanto Sue lia o jornal sentada no chão do banheiro, de olho na filha. (Nota: é imprescindível supervisionar continuamente crianças em banheiras, pois elas podem afogar-se sem fazer ruído.)*

Ciências e Natureza

A maioria das crianças adora passear em meio à natureza. Os interiores não têm as qualidades transformadoras do mundo natural. Uma das regras cardinais no feng shui da pirâmide é colocar em qualquer ambiente o maior número possível de réplicas da natureza. Portanto, num ambiente tão importante quanto a sala de estar da família, a presença de um terrário, aquário ou colônia da formiga — qualquer coisa que abrigue algo que se mexa, mude e exija cuidados — estará representando as maravilhas da natureza.

> *Quando eu era menina, lanchar na sala de estar era o máximo, uma honraria reservada apenas às visitas ou às férias. Lembro-me de todos os preparativos que minha mãe fazia antes de trazer as xícaras de chocolate quente com chantilly. Primeiro ela abria uma toalha de lona sobre o carpete. Depois, colocava-nos, a mim e à minha irmã,*

> sentadas no chão com as pernas estiradas sob uma bandeja de pé para receber aquele luxo cobiçado.

Brincadeira

Eu não defendo a retirada de enfeites nem objetos de arte e decoração de um aposento para deixá-lo "à prova de crianças", pois elas precisam aprender a lidar com todo tipo de objeto. Porém, recomendo que se tenha área livre, de mesa e de piso, de mais ou menos 90cm^2 e 1,20m^2 respectivamente. As crianças precisam ter algum espaço para dedicar-se às suas investigações. Conforme a sabedoria do feng shui, o centro de um aposento é o local que inspira maior segurança. Portanto, eu sugiro que haja ao menos um espaço desobstruído perto do centro. Isso pode ser obtido trocando-se uma mesa de centro grande por uma menor para criar área de piso livre entre dois sofás ou ampliar a distância entre poltronas demasiado próximas.

Uma área desobstruída próxima ao centro de uma sala propicia um espaço seguro para a criança brincar.

Atividades Físicas

Pular, saltar e atirar-se contra as coisas são atividades normais na infância. Brinquedos e objetos grandes como velocípedes, cordas, blocos e outros que possam ser usados para perseguir e saltar em cima são elementos típicos de atividades motoras maiores. As crianças adoram mover-se sem obstáculos nem impedimentos pelos espaços.

Que adulto usa o recosto do sofá como penhasco, palco de marionetes ou cavalinho? As crianças conseguem usar qualquer coisa para atingir seus fins. Veja sua atual sala com olhos voltados para o que ela possibilita. Verifique se ela permite a seus filhos as seguintes atividades:

    saltar   fazer acrobacias
    correr   fazer malabarismos
    brincar de pique   escalar
    rolar

Do contrário, eis aqui algumas sugestões para criar áreas em que essas atividades possam ser executadas:

- Tire as cadeiras que estão em torno da mesa de forma que seu perímetro crie um caminho para correr e saltar.
- Coloque algumas cadeiras sem braço encostadas na parede, formando uma fila. Assim você criará uma pista para correr ou rastejar.
- Apóie uma prancha entre duas cadeiras para as crianças desenvolverem o equilíbrio. (Coloque almofadas sob ela.)

Atividades Dramáticas

As dramatizações dão às crianças a oportunidade de transformar-se em diferentes personagens. Mesmo o palco mais tosco possui a poesia essencial que permite à criança imitar e reproduzir diversas situações reais e imaginárias. O fazer de conta — que vai desde o falar sozinho às mais sofisticadas experiências em grupo — ocupa um lugar muito caro na psique da criança em desenvolvimento.

> *Quando meu filho Zachary era pequeno, eu o chamava de "Le Chef" quando ele aparecia na cozinha enquanto eu preparava o jantar. Assim que ele conseguiu concentração suficiente para empunhar uma faca sem agitá-la a esmo (pouco depois dos 2 anos), eu o deixava preparar a salada. Ele cortava os folhosos com as mãos e os tomates e pepinos, com uma faca sem fio (dessas que são vendidas na época do Halloween). Só vendo a carinha triunfante que ele fazia quando pegava bravamente na faca para fazer suas "artes". Lembro-me de haver pensado em quão pouco era preciso para deixá-lo feliz e aumentar sua sensação de domínio.*

Entre as atividades dramáticas, estão:

a criação culinária   a brincadeira com marionetes
a arrumação da casa   as trocas de roupas
a brincadeira com bonecas   temas fantásticos

Ritualizando e exaltando as atividades cotidianas até que se tornem como o roteiro de uma peça, você poderá contribuir para o desenvolvimento de seu filho. Quais, dentre as atividades normais de arrumação, higiene pessoal, manutenção de roupas ou cuidados de crianças, você poderia delegar a seu filho para que ele comece a aprender a brincar de dramatização?

Trabalhos em equipe

Naturalmente, a principal sala da casa deve atender às necessidades de todos os membros da família. Ela não pode ser transformada apenas em *playground* para crianças; precisa também ser um local para os adultos descansarem e se refazerem. Um aquário, por exemplo, além de trazer a natureza para dentro de casa, funciona como foco de meditação para os adultos. Uma toalha esvoaçante, além de esconderijo para as crianças ou para sua cesta de brinquedos, também pode acrescentar cores e motivos que combinem com o clima de cada estação.

Torne a área de convivência da casa um espaço em que as crianças possam dedicar-se às suas atividades ao lado dos adultos. Ler, brincar, conversar e ouvir música são atividades de que toda a família pode participar. Ao pensar no *layout* de uma área de convivência, que precisa atender a todos os membros da família, pense nas seguintes diretrizes:

- Coloque as crianças longe das janelas quando for preciso ter atenção e concentração.
- Reserve ao responsável pela criança o local que fica de frente para a entrada da sala.
- Coloque cadeiras ou sofás em ângulos retos para estimular a conversa.
- Ilumine bem toda a área dedicada às brincadeiras.
- Procure fazer com que todos os sentidos trabalhem. Deve haver muitas coisas para cheirar, ouvir, ver e tocar.
- Deixe um caminho livre da entrada à área dos sofás ou outros assentos.

Antigamente, as pessoas viviam basicamente num espaço. Essa área atendia às necessidades não só de todos os ocupantes, mas também de todas as atividades. Já que a vida se restringia basicamente à sobrevivência, as atividades do dia-a-dia mesclavam-se inteiramente a esse processo. Nos Estados Unidos de hoje, gozamos de uma época sem paralelo histórico; a subsistência já não está associada a grandes perigos e o maior objetivo da vida é a busca de satisfação. Temos o privilégio de concentrar-nos em atividades dirigidas ao prazer e ao crescimento pessoal. As áreas de convivência devem convidar as pessoas a explorar seus interesses e liberar suas energias em pro-

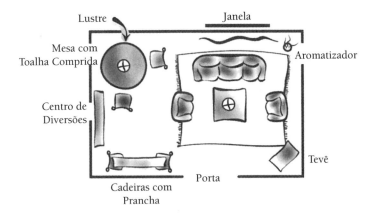

Pense numa área de convivência que atenda às necessidades de toda a família.

jetos criativos. Não deixe que a preocupação com posses materiais impeça sua família de usar plenamente a área de convivência de sua casa. Não ligue para o que pensam os outros, pois é muito melhor esquecer os padrões estéticos alheios do que cercear a auto-investigação da criança em seu mundo físico.

13

Quartos de Brinquedos

A brincadeira é uma forma de interação com o ambiente que não obedece a regras predeterminadas. Para que ela seja possível, é preciso um espaço maleável, que reaja às crianças de forma que elas possam transformá-lo conforme suas necessidades. Quando as coisas que existem num ambiente são orgânicas e têm a propriedade de mudar conforme a evolução do desenvolvimento da criança, esse ambiente possuirá as características de toda matéria viva. Nada no mundo físico permanece estático. Mesmo o rochedo de Gibraltar se desgasta com os ventos marinhos e a força das marés. A infância é uma evolução da cognição e assim o conteúdo físico do ambiente de uma criança precisa ser aberto o bastante para permitir a dinâmica dessa evolução.

Tudo que há no mundo é sempre um estímulo muito grande para as crianças. Elas raramente se entediam, pois na infância a maior parte das brincadeiras vem do estímulo do mundo exterior. Embora os pais tenham a obrigação de dar segurança aos seus filhos, o ambiente deve ter flexibilidade suficiente para estender-se além do pragmático.

Durante os seis primeiros anos de vida, as crianças adquirem o domínio do corpo e de suas funções. No caótico e indiferenciado início da infância, a necessidade, o eu e o mundo são inseparáveis. Aos 7 anos, a criança é capaz de pensar em termos racionais e culturais. Um imenso volume de informações e experiências lhe é inculcado desde o momento em que nasce até essa idade. A facilidade com que seu filho dará seu salto para a individualidade dependerá dos instrumentos que você lhe fornecer para isso.

Os Cinco Sentidos

O feng shui ensina que quando todos os sentidos participam de uma experiência, a pessoa se sente plenamente preenchida, tendo em geral um nível de satisfação mais alto do que quando falta algum deles. Um quarto de brinquedos precisa ter variedade de objetos, de modo a motivar a criança a ver, escutar, cheirar e tocar, além de espaço para a movimentação. No feng shui, dizemos que quanto maior a gravidade de um ambiente, maior a sua probabilidade de ser utilizado e apreciado. Quando todos os sistemas sensoriais estão funcionando plenamente, o espaço torna-se metaforicamente vivo. Como se disse anteriormente, as crianças sentem-se atraídas por espaços interessantes, cheios de sons, objetos que se movem, opções, luz, ar e perfumes agradáveis.

A meta maior é estimular o desabrochar da natureza dentro da criança. Isso não quer dizer que seja preciso mudar os móveis de lugar a cada semana, mas sim que a proposta é a circulação de brinquedos, pôsteres e jogos para redespertar o interesse da criança.

Sons

Os movimentos que promovem o deslocamento do ar produzem som. As correntes de ar fazem vibrar os tímpanos, fazendo com que os minúsculos ossos do ouvido interno ativem células nervosas que enviam sua mensagem ao cérebro. A poeta, pesquisadora e escritora Diane Ackerman diz, em *A Natural History of the Senses*, que "de todos os sentidos, a audição é o que mais se parece com um artefato montado com peças de reposição por um encanador de mente engenhosa". Ela nos lembra que o ser humano trava conhecimento com a mãe antes de nascer por meio do som, da mesma forma que esta também terá a primeira imagem do bebê por meio da maravilha que é o ultra-som. A audição serve a diversas finalidades ao longo da vida: sobrevivência, comunicação, entretenimento, aprendizagem e expressão emocional.

Na natureza, nosso hábitat original, há sempre uma grande variedade de sons. Nós não apenas ouvimos uma multiplicidade de diferentes tipos de sons, como também o fazemos intermitentemente. O silêncio completo pode provocar a sensação de isolamento numa criança.

Um quarto de brinquedos precisa pulsar como todas as coisas vivas, pois se as crianças sentem a falta de vida num ambiente, elas podem evitá-lo ou definhar dentro dele. Faça o quarto de brinquedos pulsar instalando um ou mais dos seguintes itens:

relógio de cuco
aquário com equipamento que solta borbulhas
mensageiros do vento
ventilador

> *Quando eu tinha 10 anos, meus pais quiseram mandar-me para uma escola particular. Sem desconfiar do que me aguardava, tomei um choque quando minha mãe me disse um belo dia que íamos visitar uma nova escola. Fiquei completamente perdida. Era como se grossas cortinas se tivessem fechado em torno de mim, impedindo a minha percepção auditiva. Meu terror dotou o mundo de um silêncio fantasmagórico.*
>
> *Assim que entramos no prédio de tijolos aparentes coberto de hera, fomos conduzidas ao gabinete da diretora. Após uma rápida entrevista, ela nos acompanhou para mostrar-nos as instalações. Nossos passos ecoavam pelo corredor de linóleo polido. A voz sussurrante da diretora fazia os tons graves da minha voz parecerem o apito de um navio. Não ouvi sequer uma palavra vinda das salas de aula que ficavam nas laterais do corredor. Envolvida num silêncio de necrotério, jurei que não entraria nunca para aquela escola.*

A música cria, se não um pulsar, uma certa ambiência. Assim como a qualidade da conversa pode diminuir quando a tevê está ligada, a música cantada, se tocada constantemente, pode diminuir a imaginação e a comunicação. Embora a diversidade de sons de rádio, fitas e CDs possa ser uma parte maravilhosa da brincadeira por algum tempo, é melhor utilizar um *timer* para ligar e desligar a música de vez em quando. Não troque o pulsar por ela.

Música

Ao que parece, a influência da música começa bem antes do nascimento. Como diz Don Campbell em *The Mozart Effect*, "os embriologistas concordam que o ouvido é o primeiro órgão que se desenvolve no feto, que se torna funcional a partir da décima oitava semana e, da vigésima quarta em diante, passa a escutar ativamente". O que a criança ouve no útero pode ser aprendido com grande facilidade depois. A música ouvida pela gestante pode acalmar ou agitar o feto.

A música pode ser usada como recompensa pelo comportamento apropriado. Uma professora que conheço, a Srta. Miller, por exemplo, toca uma melodia repousante ao piano quando os alunos voltam alvoroçados do recreio. Quando se comportam mal, ela pára de tocar. É incrível como as crianças acabam controlando o comportamento umas das outras para conseguir ouvir a música sem interrupção.

Tocar música é uma forma de fazer com que a criança venha para um determinado espaço. Quando Luke era pequeno, a mãe abria um tapete para ele no chão e o cercava de livros e brinquedos. Perto, colocava o som para tocar fitas com seleções de música vocal suave. Eu ficava impressionada em ver como essa mistura de brinquedos e música o mantinha alegremente ocupado por horas e horas.

Professores de crianças em fase pré-escolar disseram-me que a música é uma de suas opções favoritas para criar climas. As crianças reagem intuitivamente ao ritmo e ao tipo da música. Muita gente ainda se lembra das marchinhas tocadas diariamente antes das aulas e do gemido queixoso do toque de silêncio que fechava o dia nas colônias de férias.

Procure motivar, ativar e inspirar seu filho com sons alegres e otimistas quando o mau tempo impedir que ele brinque ao ar livre e finalize com música relaxante para acalmá-lo. O feng shui ensina que quando o equilíbrio sofre algum desvio, é preciso criar alternativas para reequilibrar o ambiente.

Aromas

O nariz não dorme. O olfato não pode ser "desligado"; está em atividade o tempo todo. Portanto, todos os perfumes de sua casa estão continuamente transmitindo suas mensagens. Embora no nariz esteja presente um hormônio que "limpa" as fragrâncias após algum tempo, impedindo-nos de sentir conscientemente o seu perfume, ele continua transmitindo uma mensagem mesmo quando essa fragrância não é evidente.

O recém-nascido sente o cheiro de quem cuida dele antes de conseguir ver essa pessoa claramente. A associação entre o cheiro e as experiências de nossa formação tem papel fundamental nas poderosas mensagens inconscientes que o olfato nos transmite na vida futura. O corpo reage mediante as associações que fazemos aos aromas. As gerações nascidas na era dos brinquedos plásticos cobiça o seu cheiro por causa da associação agradável da infância.

Os seres humanos reagem de forma primária ao olfato, já que ele é o sistema sensorial mais primitivo de que dispomos. O sistema olfativo é literalmente um setor à parte no cérebro, pois se situa fora do osso craniano. O cheiro não pode ser intelectualizado; é praticamente impossível descrever uma fragrância real com palavras que não estejam associadas ao sentido com que a captamos. Experimente descrever o odor da lavanda sem usar nenhuma palavra ligada ao sabor ou ao perfume.

É importante frisar que, do nascimento em diante, as crianças devem ser cercadas por aromas variados. O uso sistemático de determinadas fragrâncias durante os anos de formação é a melhor medida. Não mude a marca de sabonetes, sabões em pó, loções de limpeza, perfumes ou loções após barba durante os primeiros anos de seu filho. As lembranças do lar que tínhamos na infância que estiverem associadas a certos aromas são como um escudo protetor que dará segurança a seu filho pela vida toda.

Cada aroma transmite níveis complexos de informação. Já foram escritos muitos livros sobre a linguagem dos aromas. O que eu, particularmente, prefiro é *Aromatherapy for Healing the Spirit*, de Gabriel Mojay (publicado no Reino Unido pela Gaia Books, Ltd. e distribuído nos Estados Unidos pela Inner Traditions). É o livro mais abrangente e bem pesquisado que conheço sobre a influência que o aroma dos vegetais exerce sobre as pessoas em todos os níveis — físico, emocional e espiritual. Nele Mojay descreve as vantagens físicas e emocionais de vários aromas, dando referências históricas que as respaldam. Abaixo, um breve resumo do material, juntamente com outras informações que apresentam os benefícios e as características de vários dos aromas mais comuns.

Frutas
Limão dá ânimo e dissipa pensamentos negativos; alivia o tédio.
Tangerina revigora e, ao mesmo tempo, aumenta a sensação de conforto; é benéfico para crianças resfriadas.
Maçã baixa a pressão sangüínea e acalma; pode atenuar chiliques e amuos.
Grapefruit pode aliviar o ressentimento; benéfico durante purgações.

Especiarias
Manjerona alivia a sensação de isolamento emocional que causa insônia e pesar. A manjerona é benéfica quando os pais saem à noite.
Gengibre contribui para a manifestação dos impulsos e da vontade de realização para as pessoas que têm planos não-realizados; benéfica durante purgações e quando a criança se sente entediada.
Alecrim instila segurança porque fortalece a mente; benéfico a qualquer momento.
Coentro pode amenizar o potencial de desânimo de crianças que estão sem muitas opções de brincadeira devido a doenças ou a outras circunstâncias.

Erva-doce potencializa a capacidade de expressar as coisas sem inibições; pode ajudar uma criança tímida a se expressar diante dos outros.

Flores
Gerânio ajuda a estabilizar a criança agitada ou frenética.
Jasmim aumenta a segurança; benéfico para o entrosamento com novos grupos.
Lavanda reduz a timidez e a probabilidade de explosões súbitas de raiva; atinge todos os sentimentos e faixas emocionais e é um tônico geral.

Árvores e Arbustos
Eucalipto dissipa os sentimentos presos.
Pinho restabelece o pensamento positivo acerca de si mesmo.
Louro ajuda a concentração e a memória; benéfico quando as atividades exigem memorização.
Cipreste ajuda a dissipar o tédio.

Tato

Pense na sensibilidade da pele de uma criança em relação à de um adulto. Os adultos podem furar a sola do pé e não sentir absolutamente nada. Mas, como sua pele ainda não foi curtida com a exposição aos elementos, as crianças são mais sensíveis, não importa a parte do corpo. Todo contato com outra superfície nos leva a envolver-nos de forma subconsciente, e o feng shui explica isso. Portanto, pense nos materiais que você coloca num quarto de brinquedos e onde os coloca. A variedade é desejável, mas procure fazer com que a mensagem transmitida por uma textura complemente a atividade que ela acompanha.

Superfícies Ásperas
Conforme o feng shui, as superfícies ásperas ao tato são relacionadas ao elemento fogo. Muitos tecidos de forração para sofás e poltronas possuem uma fibra resistente às manchas que, além de áspera, é quase gordurosa ao tato. Se o efeito desejado for a tranqüilidade e o relaxamento, não use esse tipo de fibra.

Superfícies Frescas e Macias
Raramente damos tecidos escorregadios para as crianças brincarem. Um tecido como a seda é difícil de agarrar e segurar. Porém, quando o tempo es-

quentar, vale a pena usar esse tipo de tecido por causa de seu efeito refrescante para uma criança que se envolve nele. Além disso, os materiais que têm essas características podem funcionar como um convite ao movimento. Quando forrada com um tecido assim, a mais leve inclinação pode transformar-se num escorregador.

Superfícies Duras
As superfícies que resistem à manipulação e não se movem quando tocadas ou quando nos sentamos sobre elas dão a sensação de segurança. Ao pôr em prática os princípios do feng shui, usamos superfícies firmes quando é preciso transmitir a sensação de segurança e proteção. A preferência humana para dormir sobre uma superfície firme é compreensível em termos da necessidade de segurança durante o período de vulnerabilidade quando estamos dormindo. Uma superfície compacta ao tato vibra de acordo com o elemento terra e pode reforçar a sensação de segurança proporcionada por um quarto de brinquedos. Assim, uma bola bem grande, um cubo forrado de tecido ou qualquer objeto de grandes dimensões que tenha resistência física será bom para ter numa área destinada a brincadeiras.

Tecidos Macios e Acolchoados
Os materiais que envolvem são naturalmente associados à infância. As crianças adoram fazer traquinagens enroladas em cobertas, voar sobre montes de almofadas e atirar-se correndo de um lado a outro da sala num sofá ou poltrona bem acolchoados. A disponibilidade de materiais macios e acolchoados a que elas possam dar forma dá uma dimensão maravilhosa a qualquer quarto de brinquedos. Coloque almofadões num canto, espalhe-os ou jogue-os num sofá ou banco. Seus filhos descobrirão mil maneiras de usá-los em suas brincadeiras.

Visão

O que vemos nos dá cerca de 70% da informação que temos sobre o ambiente.

Cor
A escolha de cores é uma forma importante de dar um "empurrão" no ambiente para tornar adequadas as suas mensagens visuais. Sugiro que você comece a pensar em como fazer um rodízio de cores para alterar o quarto de brinquedos de seu filho conforme as necessidades. Use objetos que possam ser movidos com facilidade, propiciando uma superfície para as cores esco-

lhidas. Eis aqui uma lista de acessórios que você poderá utilizar quando quiser mudança rápida de cores:

mantas sobre baús
tapetes isolados
cadeiras pequenas
sombrinhas

toalhas sobre banquinhos
mantas
almofadas

Embora o propósito da maioria deles seja evidente, o das sombrinhas e toalhas pode não ser. A sombrinha serve para criar um ambiente dentro do ambiente. Colocada num suporte ou presa no teto, ela forma uma área pequena, aconchegante, para brincadeiras tranqüilas. Numa casa com muitas crianças, ela se transforma num refúgio privado quando uma delas quer privacidade. Além disso, no chão ela pode servir de base para brincar de pique e, no teto, cria um cantinho muito propício para atividades como a leitura e o repouso.

Procure incluir acessórios como os listados para equipar um quarto de brinquedos. A seguir, uma discussão sobre a escolha das cores desses objetos para obtenção do efeito elemental mais apropriado.

O fogo estimula a criança a agir. Como são as cores desse elemento, o **vermelho** e o **laranja** estimulam as atividades motoras e a energia física e em geral infundem muito dinamismo num quarto de brinquedos. Essas são as cores mais erradas que se podem usar quando se deseja que a criança relaxe e fique quieta e concentrada. Use-as para

Use uma sombrinha para criar um cantinho gostoso para a leitura ou o descanso.

estimular a ação física quando a criança está brincando sozinha
alegrar e aquecer um espaço demasiado grande ou frio
incitar a animação mental para fazer de conta

As cores da **terra** — **marrom**, **mostarda** e **caramelo** — são cores que evocam a sensação de segurança e proteção quando usadas nas paredes ou nos acessórios colocadas contra elas. Se a criança precisar desse tipo de segurança ou estabilidade, essas são boas opções de cor para que o quarto de brinquedo surta esse efeito. A área de leitura ganhará uma sensação de aconchego se tiver um tapete, almofada ou estofado numa dessas cores. Use-as

quando a criança brinca sozinha
nas áreas que exigem concentração mental
para promover a tranqüilidade

As cores brilhantes fascinam as crianças. Se quiser que seu filho use mais uma determinada área, as cores do **metal** — **prata, ouro, cobre** e **branco puro** — o atrairão, instigando-o a conferir essa área. Quando a criança precisa ter mais concentração, as cores metálicas servem para reforçar sua capacidade de tomar decisões. Use-as

em torno de áreas usadas para atividades que exigem poucos movimentos, como montar quebra-cabeças
quando a criança tem dificuldade de levar suas atividades até o fim
em cômodos que não tenham muita iluminação natural

O efeito do **azul** e do **negro**, cores da **água**, sobre um ambiente varia desde a liberdade à instabilidade. O azul-claro dá a sensação de amplidão, ao passo que o negro pode fazer o espaço sumir. Um piso ou tapete negro pode fazer até mesmo que o chão pareça um buraco e, assim, instável. Com as mensagens transmitidas por essas duas cores, a criança pode sentir-se livre ou como se tivesse perdido o equilíbrio. Faber Birren mostrou que a cor azul na verdade reduz a pressão arterial e os batimentos cardíacos nos adultos. Ela cria uma atmosfera que promove a concentração. As crianças demasiado exuberantes podem beneficiar-se do efeito calmante da paleta dos azuis, ao passo que as que têm alguma deficiência motora podem perder ainda mais a noção de equilíbrio com o negro. Tenha em mente a variação das mensagens do azul e do negro:

- O azul-claro dá a sensação de amplidão.
- O azul médio auxilia a criança a empreender atividades solo.
- O azul de médio a escuro estabiliza a concentração numa área desorganizada de um cômodo.
- O azul-escuro modera o entusiasmo.
- O negro reduz a estabilidade e recende a vazio.

Use as cores da água da seguinte forma: um tapete redondo negro servirá de limite para que as crianças não se dirijam para uma área perigosa; um pouco de azul na área usada para cochilar reduz a excitação.
Nada promove mais atividade mental e física que o **verde** da **madeira**. Não se surpreenda diante da exuberância natural que essa cor infunde na decoração. Seu papel num quarto de brinquedos é, portanto, muito impor-

tante. Contudo, em vez de usá-lo para superfícies planas como paredes, móveis ou piso, recomendo que você o reserve para os objetos que se movem. Dessa forma, o verde se encarregará de transmitir a mensagem da natureza, onde ele predomina e onde a imobilidade é mínima. Use-o

em móbiles
em plantas
em cortinas leves, se puder manter as janelas abertas para deixar a brisa entrar.

Espelhos

As crianças e os animais adoram ver-se refletidos. Elas gostam de fazer caras e bocas diante do espelho, principalmente quando este é instalado em sua altura. É raro que tenham a oportunidade de ver seu próprio reflexo do chão, podendo encostar nariz com nariz.

Instale um espelho no nível do piso no quarto de brinquedos de seu filho.

Se quiser pôr um espelho no quarto de brinquedos, coloque-o no nível do piso. Ele divertirá bastante o seu filho, principalmente se você deixar algumas roupas à mão. Tenho uma foto do meu, que ficou também gravada na minha memória, em que ele está todo paramentado, usando um cachecol como turbante, voltas e voltas de colares de contas coloridas, luvas brancas e batom. A partir dos 3 anos, as crianças adoram disfarçar-se para brincar de faz de conta. O espelho pode tornar-se seu melhor equipamento.

> *Já morei numa casa em que montei um espelho na parte de trás dos armários inferiores da cozinha. Ele ficou voltado para a sala de jantar. Eu achei que o espelho ajudaria a dar mais leveza à superfície contínua dos armários. Gostei do resultado, mas com o tempo aprendi muita coisa sobre as demais vantagens dos espelhos colocados na altura das crianças e dos animais domésticos.*

Os Quartos de Brinquedos e os Três Estágios da Infância

Você naturalmente quer que o quarto de brinquedos de seu filho esteja de acordo com a idade dele. As crianças têm diferentes necessidades, a depender do estágio em que se encontrem.

O Estágio do Eu, Eu e Eu Mesmo (do Nascimento aos 18 Meses)

Os recém-nascidos não têm defesas e estão à mercê do ambiente. O bebê que já engatinha pode descobrir como descer uma escada deslizando de costas sem cair para trás e, ao mesmo tempo, não saber que, se sacudir a mesa, vai derrubar o prato de sopa quente. Antes de mais nada, ao projetar um quarto de brinquedos, você deve pensar na segurança. O do seu bebê deve preencher as seguintes condições:

- não ter produtos químicos nem de limpeza nos armários, gavetas e prateleiras mais baixos
- não permitir fácil acesso a fios elétricos que, se puxados, derrubem objetos pesados
- não ter facas, chaves de fenda nem outros objetos de metal que possam ser enfiados em tomadas elétricas
- não ter pisos de cimento ou pedra descobertos
- se as janelas abrirem para dentro, devem possuir um dispositivo que as prenda com segurança quando abertas
- não ter ruídos artificiais contínuos, como tevê ou som
- não ser inteiramente decorado com cores vivas e alegres

Nesse estágio, a imitação constitui uma forma de aprendizagem. Os pais costumam ficar surpresos ao observar a capacidade nata dos filhos em imitar os atos, tons e expressões das pessoas com quem eles interagem.

Isso foi confirmado mais uma vez numa visita que fiz a um amigo de 18 meses de idade. Nós ficamos sentados no sofá brincando feito uns bobos: eu me jogava em direção a ele, como se quisesse fazer-lhe cócegas, e ele se esquivava gritando e rindo de prazer. Ficamos nessa brincadeira por uma hora, que foi o tempo que durou a minha visita. Mesmo depois desse dia, toda vez que ele me via começava a rir e se esconder de mim, na esperança de que eu iria assumir meu papel, fingindo persegui-lo para fazer-lhe cócegas.

Assim, é fácil instilar padrões de comportamento agradáveis nas crianças que estão nesta fase. Sua aptidão para a imitação tem que ver com as forças do próprio desenvolvimento; a repetição de brincadeiras agradáveis cria uma ligação positiva para os nervos e o sistema sensorial.

É difícil separar as crianças das pessoas com quem têm costume de ficar, a menos que elas se sintam suficientemente estimuladas por outras atividades. A maneira mais fácil de conseguir isso é, de longe, fazê-las assistir televisão ou vídeos. Há uma hora e um local certos para assistir tevê. Sem dúvida, há programas que divertem as crianças e as fazem desenvolver a auto-estima e valores positivos. O importante é usá-la como babá eletrônica apenas *de vez em quando*.

Procure realizar atividades ao lado de seus filhos. Ou deixe que eles se juntem a você nas suas atividades. Neste estágio, pesa muito mais dedicar-se a atividades reais que a brincadeiras. As cozinhas de bonecas provavelmente serão preteridas diante das panelas e colheres da cozinha de verdade, cujo manuseio geralmente provoca grande entusiasmo.

O valor do quarto de brinquedos neste estágio será reduzido se você não se dispuser a passar algum tempo lá. O lado bom é que antes de correr para decorar um quarto especial para as brincadeiras, você tem um ano e meio para descobrir as necessidades específicas de seu filho, podendo assim criar o ambiente que seja mais adequado para ele.

O Estágio do Mágico (de 18 Meses a 3 Anos)

Aos 18 meses, a criança adquiriu algum domínio sobre a mobilidade e já tem alguma destreza. É então que começam as atividades de caráter mais individual. Embora no início desta fase a criança ainda possa permanecer com aquela ladainha de "quero fazer o que você está fazendo", é esta a hora certa para criar um quarto de brinquedos em que ela possa dedicar-se sozinha às suas próprias atividades.

Fazer Bagunça

É imperativo dispor de uma área que possa ser enchida e esvaziada para as crianças que estão nesse estágio. Não importa o que seja: areia num balde, pedras numa vasilha, brinquedos num baú ou água numa xícara, nada é mais fascinante que tirar uma coisa e recolocá-la no lugar anterior. Daí a vantagem de reservar uma área para a bagunça ou, pelo menos, um local delimitado em que a limpeza seja relativamente fácil. O piso deve ser bem resistente, para enfrentar arranhões, água, areia e terra.

Um casal cheio de iniciativa que conheço construiu uma caixa de compensado e a colocou no canto do quarto de brinquedos dos filhos. Eles colaram linóleo barato na parte de dentro da caixa rasa, cobriram as paredes adjacentes a essa "caixa da bagunça" com toalhas de mesa plásticas bem coloridas. Os gêmeos de 2 anos faziam a festa com todo tipo de atividade e material ingratos para outras áreas da casa. A mãe ficava sossegada, sem medo de eles estragarem a casa. Por volta dos 5 anos, a caixa perdeu a utilidade. Ainda me lembro do ar de pintura de Jackson Pollock que o piso tinha logo antes da reforma.

Construindo uma caixa ou usando apenas coberturas temporárias, nada é mais delicioso para a criança que um espaço em que pode brincar e fazer bagunça sem restrições. Todo quarto de brinquedos deve ter uma área assim.

Construção e Forma

Nesse estágio é que começam as façanhas equilibristas e a criação de formas. Quanto maiores essas formas, melhor. Para tanto, compre blocos baratos ou almofadas de sofás de segunda mão. Os tipos de materiais para construção de blocos que têm impacto sobre todo o corpo são os mais interessantes. Almofadas, lençóis e grandes blocos de espuma — que podem ser empilhados, pisados e abraçados — prestam-se muito bem a atividades físicas e mentais.

Espaço Livre

Ter um espaço completamente vazio é uma vantagem. Para deixar que seus filhos aprendam a formar a própria vida, deixe que eles formem um espaço que atenda às suas necessidades e incendeie a sua imaginação. É pulando, correndo ou rolando sem entraves que se pode ter chance de atividade física num espaço interno. Há crianças que simplesmente precisam desse tipo de movimento. Os espaços abertos são locais em que se pode dar nova forma aos materiais e levar adiante grandes projetos. Um grupo de crianças passa horas sem sentir quando pode criar um universo especial, usando qualquer tipo de brinquedo e bloco, se houver espaço disponível.

O Estágio do Pé na Estrada da Razão (de 3 a 6 Anos)

A criança já está pronta para uma maior carga de complexidade quando atinge este estágio. Ter à disposição coisas como areia, argila e arame simplesmente não basta mais. Agora a criança é capaz de perceber como esses materiais mudam com variações de temperatura, líquido e pigmentação. Um prato com cubos de gelo ou uma caixa com uma lâmpada dentro podem transformar-se num fórum de experiências.

A capacidade de transformação e a flexibilidade são ingredientes que não devem ser excluídos ao se planejar um espaço para brincadeiras. A presença de um espaço rígido, que não possa mudar nem se amoldar ao temperamento e ao desenvolvimento da criança pode acabar reforçando a rigidez diante das opções. Inclua num quarto de brinquedos os seguintes itens para aumentar a sua capacidade de transformar-se:

biombos
mobília em que se possa guardar coisas
mobília com rodinhas
cadeiras giratórias
pequenos tapetes

Um quarto de brinquedos para crianças nesta fase precisa de objetos leves, versáteis e neutros do ponto de vista cultural, que possam ser recriados conforme a imaginação da criança. "Quanto mais barulho e ostentação acompanha um brinquedo, menor a sua chance de ser usado como outra coisa", diz Marcie Gitman, coordenadora de educação ambiental da primeira infância do Minnesota Children's Museum. "É importante que as crianças saibam equilibrar-se entre os brinquedos que têm um determinado fim e os objetos que podem virar qualquer coisa." Os pais podem fomentar a criatividade dos filhos dando-lhes objetos básicos, cotidianos, que eles possam usar para criar suas próprias aventuras.

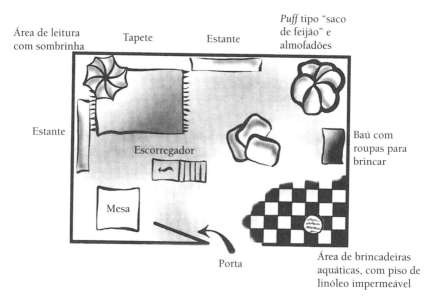

Coloque num quarto de brinquedos objetos que permitam a flexibilidade.

A antiga história da criança que preferia brincar com a caixa em que veio embalado o presente tem seu lado verdadeiro. A embalagem em que veio o novo forno elétrico pode tornar-se uma nave espacial, uma casa, um cavalo, uma caverna ou qualquer coisa que a criança queira. Mas um carro de bombeiros só pode ser um carro de bombeiros; a maioria das crianças não

> *Há muitos anos tive o privilégio de ver uma instalação com cerca de uma centena de cubos de espuma forrados de tecido num museu infantil. Os cubos, de vários tamanhos, estavam amontoados ao acaso numa imensa pilha. Então soltavam as crianças lá. Elas davam gritinhos de alegria por poderem se jogar naqueles cubos sem medo. Além disso, as crianças tinham permissão para mexer e mudar tudo a seu bel-prazer. Num instante, elas criavam mil coisas para suas brincadeiras: casulos em forma de iglus, pontes para rolar ou caminhar, fortes, estradas e foguetes. Era como se cada fantasia imaginável pudesse ser realizada com aqueles blocos de espuma.*

conseguirá vê-lo como um ônibus escolar ou como uma caçamba. Elas precisam que algumas coisas sejam meio indefinidas para poder usá-las como veículos de sua aprendizagem criativa.

Eis aqui uma lista de materiais que devem estar à mão para afastar o tédio das crianças que reclamam de não ter "nada para fazer":

papel, branco e colorido	desentupidores de pia
tinta para pintar à mão	bolas de algodão
giz de cera e pincéis atômicos	alfinetes de segurança
blocos	roupas velhas (até toalhas ou
retalhos de tecido, feltro e	fronhas velhas servem)
espuma	sacos de papel
fitas e barbantes	caixas de papelão

Lembre-se de que, quando tinha essa idade, dizer que estava aborrecido a seus pais dava-lhes a oportunidade de arrumar algo para você fazer. Esse "algo para fazer" não era uma ida ao zoológico nem um brinquedo ou jogo novo. "Algo para fazer" era limpar o chão da cozinha, cortar a grama ou lavar o carro. Assim, ao contrário de muitas crianças de hoje, você pode ter aprendido a dar um jeito em seu tédio. Não há nada de errado em deixar as crianças se entediarem. O tédio leva à exploração, que, por sua vez, leva à criatividade.

Brincar é inventar a vida. Afinal, não é isso que todos nós queremos — uma vida que pareça brincadeira?

14

Dormitórios

Nenhum outro cômodo é projetado com tanta exclusividade para as crianças quanto o quarto de dormir. Ele é mais que um mero refúgio para o sono e deve ter não só objetos adequados à idade, mas também as marcas especiais que exprimem a individualidade de cada criança. Além de abrigar coisas que despertam a curiosidade e incitem o desejo de explorar, ele deve ser um local seguro.

Logística

Tradicionalmente, os dormitórios ficavam todos concentrados numa só área da casa. Podiam ser no primeiro piso ou ao lado da principal área de convivência. Mas hoje em dia há mais variedade. As diferenças entre os dormitórios podem estar não apenas no tamanho, mas também na vista e na proximidade do dormitório dos pais e do banheiro social. O significado atribuído a essas diferenças pode ser importante.

Vista

Quando eu era criança, a vista de meu quarto e a do quarto da minha irmã eram completamente diferentes. A minha dava para o quintal. Sob a janela havia um telhado por onde eu podia escorregar até o chão, sem medo de me machucar. Quando tinha uns 7 anos, adorava essa saída e, muitas vezes, escapava sem que meus pais percebessem. Além disso, o quintal dava para um bosque no qual não havia nenhum sinal de interferência humana. A minha infância foi repleta de natureza.

Já o quarto da minha irmã ficava na frente da casa. Eterna sentinela, ela registrava as idas e vindas dos visitantes, sabia de cor os horários dos vizinhos e conhecia todos os cachorros que passavam diante da casa, passeando com os donos.

Nós duas temos o cenário de lugar visto da janela de nossos quartos gravado em nossa memória. Tenho certeza de que a influência que ele exerceu sobre nós foi muito forte e duradoura, pois minha irmã hoje supervisiona montagens teatrais, como produtora, e eu passei a maior parte de minha vida adulta diante de uma estrada de terra, numa casa no interior, de onde não se vêem construções, estradas nem postes de eletricidade. Acho que ambas tivemos o panorama que precisávamos para o equilíbrio de nossas personalidades tão diferentes. Eu era a extrovertida, a que precisava de uma vista que convidasse à contemplação. Minha irmã, que era a reservada, sentia-se revitalizada com a visão mais vibrante, do ponto de vista social, que podia ter de sua janela.

Observe o panorama visto da janela do dormitório de seu filho e o que ele transmite. A tabela abaixo contém algumas impressões que podem servir de ponto de partida para a sua reflexão.

O Que se Vê da Janela do Quarto

Vista	Efeito Positivo	Efeito Questionável
Rua	Sociabilidade	Desconfiança com relação às pessoas ou vontade de fugir
Árvore que floresce	Crença na renovação	Tristeza diante da efemeridade da beleza
Gramado a perder de vista	A tela em branco da vida	Tédio
Mata	Amor da diversidade	Falta de controle
Lateral de um prédio	A proteção que os outros oferecem	Invasão da privacidade
Pátio interno	Segurança	Egocentrismo
Montanhas	Inspiração da descoberta	Limite à exploração
Mar	Emoção e entusiasmo	Uma barreira impenetrável
Rio	Crença na mudança	Medo do abandono
Jardins em que há muita variedade	Diversidade como vantagem	Possibilidades em demasia

Tamanho

Depois da vista, o tamanho é o fator mais importante. O maior nem sempre é o melhor, embora no feng shui saibamos que o maior é sentido como mais poderoso. Entretanto, às vezes certas características de um quarto menor podem compensar a falta de espaço e torná-lo mais desejável. Pense no dormitório de seu filho como se fosse um cubo, e não apenas um quadrado plano. Dê-lhe oportunidade de mover-se tanto na horizontal quanto na vertical. Quando o espaço cúbico é plenamente utilizado, até o menor dos quartos se torna uma arena grande o suficiente para que as crianças possam realizar as suas muitas atividades. Prenda redes resistentes, de trama bem aberta, numa parede para criar uma superfície que possa ser escalada, nem que seja só até um metro de altura. Agarrar-se à rede e mover-se para os lados é tão divertido para uma criança quanto mover-se na vertical. Coloque no chão almofadas ou colchonetes para suavizar possíveis quedas. Ou pegue uma corda grossa, dê-lhe alguns nós e pendure-a numa das vigas do telhado, sobre a cama de seu filho, para um balanço entre quatro paredes. As escadas prestam-se não só a brincadeiras como também ao acesso a beliches e camas suspensas, outras duas idéias para extrair o máximo de um quarto pequeno.

Camas Suspensas

As camas suspensas não precisam exceder a altura do peito. Se você for habilidoso, use montantes para criar uma plataforma em que seu filho possa dormir. Se não for, dê uma olhada nos catálogos das lojas de móveis, que costumam ter mobília modular barata. O espaço criado embaixo de uma cama suspensa é o tipo de lugar pequeno e aconchegante que as crianças adoram. Elas normalmente gostam de dormir no alto. Meu filho passou os primeiros anos da infância num espaço que havia no alto da cozinha e dava para a nossa principal área de convivência. Uma das vantagens é que ele nunca reclamou na hora de dormir. Outra é que ele nunca teve sono leve porque estava sempre ouvindo conversas.

Beliches

A alternativa mais simples para uma cama suspensa é o beliche. Qualquer das duas camas pode tornar-se um esconderijo para uma só criança ou um espaço para várias brincarem juntas. Há algo de misteriosamente delicioso nos espaços inteiramente cercados. Pendure um cobertor na cama de cima ou prenda uma cortina no teto para transformar um beliche na caverna de Ali Babá.

Criando um Novo Dormitório

Pouco antes de Sean fazer 2 anos, a família se mudou. Os pais não estavam pensando em comprar nada novo para instalar em seu quarto. A única diferença entre o quarto anterior e o novo era a localização. Na antiga casa, o dormitório do garoto era junto ao dos pais, mas agora ele ficaria do outro lado da casa. Pensando em amenizar uma possível confusão e a sensação de isolamento, sugeri que a cama e os enfeites de parede fossem colocados na mesma posição em relação à porta que tinham na outra casa. Assim, ele teria que lidar só com um novo elemento: aprender a rota até o quarto dos pais.

A chave para uma transição sem problemas é manter sempre algo familiar. O excesso de alterações pode perturbar as crianças. Se quiser reformar ou mudar o quarto de seu filho, faça-o após um período de adaptação, e não logo depois de uma mudança. A constante mais importante a observar é a relação entre a cabeceira da cama e a porta do quarto.

Móveis e Decoração

Geralmente um dormitório deve ter os seguintes itens:

lugar para dormir
lugar para guardar roupas
lugar para guardar brinquedos
estantes para livros,
  brinquedos e bonecas
assento para adultos
superfície plana para
  atividades de mesa

janela versátil e de fácil manejo
piso de fácil limpeza, com alguns
  tapetes macios e laváveis
iluminação de teto,
  complementada por luminárias
  de parede ou de mesa
baú ou prateleira vazios para
  abrigar os novos interesses

A questão do baú ou prateleira vazios é importante, pois o feng shui nos diz que os espaços vazios são necessários para que possamos expandir os nossos interesses e abraçar as mudanças. De vez em quando, mude as coisas de lugar ou dê as que seus filhos já não querem, para incentivá-los a cultivar novos interesses.

Posição da Cama

Qualquer que seja o caso, a cama deve ser colocada de modo que a criança fique com a cabeça de frente para a porta. Se for preciso mais que uma leve

Dormitórios 177

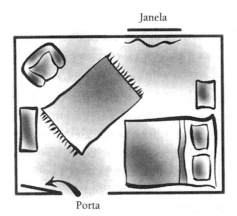

Coloque a cama no lado oposto à porta de entrada. Ganha-se muito espaço livre quando se põe a cama encostada no canto das duas paredes mais distantes da porta.

virada de cabeça para que seu filho veja a porta quando estiver na cama, mude-a de posição. Você pode ganhar muito espaço livre se colocar a cama encostada no canto das duas paredes mais distantes da porta.

Berços

O berço é o casulo do bebê. O que está dentro dele e em volta do quarto é alimento para a mente que se desenvolve. A criança já vem ao mundo com tendência a ser ativa, passiva, ranzinza ou dócil. Procure decorar o ambiente físico de modo a equilibrar essas características genéricas. Por exemplo, grandes superfícies em cores yin fazem bem aos bebês que sempre têm cólicas, ao passo que os padrões miúdos e repetidos são indicados para fazer as crianças dóceis refletirem.

Pendure quadros, panôs e outros objetos que façam muito contraste com a cor das paredes em torno do berço. Como já dissemos, os bebês têm mais facilidade em discernir os objetos se houver contraste. A variedade de cores, formas, sons e texturas estimula o espírito investigador dessas pequenas criaturas.

As laterais do berço também podem ser uma fonte de estímulos. Uma inventiva cliente que tenho prendeu dois trilhos de cortinas no teto, um de cada lado do berço da filha. Neles pendurou bolas de pingue-pongue coloridas, móbiles bem leves, plumas e sinos. Um pequeno ventilador no chão dava movimento àquelas bugigangas. Assim, eliminou-se a necessidade de pilhas ou mecanismos de corda para movimentar os móbiles. As formas dançantes fascinavam esse bebê. Ela se distraía com eles durante o dia e, à noite, era ninada até dormir por sua presença colorida e móvel. Quando a filha aprendeu a sentar-se e a ficar de pé, minha cliente trocou a coleção de bugigangas por outras que a criança pudesse manipular e pôr na boca, como rodinhas, brinquedos de borracha com partes móveis, objetos que produziam sons e bolinhas. Um dos felizes resultados é que a menina adorava bater nos brinquedos por horas seguidas sem se cansar da brincadeira.

Eis algumas sugestões para decorar o interior e o entorno do berço:

Use mantas de texturas diferentes.
Pendure ou prenda objetos não-elétricos que produzam som nas grades do berço.
Coloque por perto brinquedos que se movem, como móbiles, rodas ou animais de pelúcia misturados.
Enrole várias das grades do berço em tecido acolchoado.
Pendure objetos leves nas laterais ou sobre o berço para estimular o bebê.
Tenha um toca-CDs por perto para tocar música.

Piso

A praticidade e o conforto são elementos-chave para o piso do dormitório de uma criança. Aproveito para dizer que não apóio a instalação de carpetes em todo o piso do quarto: se a criança não puder brincar com substâncias líquidas, então o piso torna-se uma limitação. Isso não quer dizer que o piso tenha de resistir à lavagem com mangueira. Mas é bom que a criança se sinta livre o bastante para brincar com tintas, argila, plantas e outras coisas que exijam o uso de água na privacidade de seu quarto. Apesar de haver outras áreas na casa — como a cozinha, o banheiro ou as áreas externas — que se prestam melhor às atividades realizadas com água, o piso do dormitório deve ser versátil para poder permitir tais atividades de vez em quando. Se quisermos que o quarto seja um refúgio para as crianças, ele deve prestar-se a qualquer tipo de atividade. Talvez certas crianças não usem tanto o próprio quarto porque lá as atividades que elas gostam de realizar em outros cômodos são proibidas. Você talvez gostasse de ficar na rua mais do que seus pais queriam. Será que isso não se devia em parte ao fato de que dentro de casa você não tinha toda a liberdade de que gozava fora? Da mesma forma, se um quarto não se presta a todas as finalidades que têm as demais partes da casa, ele não será tão desejável — e o piso muitas vezes é a maior limitação.

O chão de um dormitório infantil deve

ter uma superfície polida que permita que a criança deslize, brinque com blocos e desenhe
ser confortável o bastante para que a criança leia e descanse
ter almofadas ou colchonetes para maior segurança em atividades físicas como saltar, rolar etc.
ser fácil de limpar, a fim de evitar mofo, bactérias e poeira
ter algum espaço para brincadeiras que criam bagunça, como pintura, atividades com água e cuidar de plantas ou animais

Um tipo de piso que atende a esses critérios é o linóleo. Espalhe por cima alguns ou vários tapetes laváveis de algodão — você poderá inclusive colocar dois ou três empilhados, criando uma superfície macia e confortável.

Janelas

Se as janelas quebram a opacidade das paredes, permitindo-nos ver o que está do outro lado, elas também promovem uma fratura na segurança da parede contígua. Se a janela ficar atrás da cabeceira da cama, deve ter toda a segurança possível, como, por exemplo, fechadura com chave. Se a janela estiver do lado da cama, pode receber um tratamento mais versátil. Nesse aspecto, a janela deve ao mesmo tempo filtrar a visão e ser translúcida. Para tanto, seria preciso ter dois tipos de cortina, como por exemplo uma persiana e, por cima, outra que impedisse a entrada da luz.

Dê preferência às cortinas que possam ser manipuladas com facilidade por uma criança. As persianas que precisam ser puxadas e ao mesmo tempo empurradas para os lados são frustrantes para as crianças mais jovens. Já as cortinas presas por argolas a bastões polidos podem ser abertas e fechadas com facilidade, dando-lhes a sensação de domínio essencial à autoconfiança.

Assentos sob Janelas

Provavelmente, esse tipo de assento é a característica mais intrigante e subutilizada das janelas. Se a janela puder ser fechada de modo que a criança não tenha nenhuma possibilidade de abri-la, será um recanto delicioso. Com algumas almofadas, uma manta e um bom brinquedo ou livro, ele tornará maravilhoso mesmo o dia mais feio. As crianças estabelecem contato visual mais íntimo com o panorama do lado de fora por meio da proximidade propiciada por um assento sob a janela. Com esse tipo de observação, os detalhes ganham novas dimensões: é como observar a natureza de binóculos.

Um quarto de dormir é como uma jóia, uma pequena e rara expressão pessoal que se destaca contra o contexto do pano de fundo. Ele é a primeira experiência de individualidade que a criança tem. As crianças podem ter brinquedos e roupas iguais ou freqüentar a mesma escola, mas cada quarto pode ser único e pessoal. Cabe a você descobrir a voz interior de seu filho.

15

Espaços ao Ar Livre

Quem sabe as maravilhas que aguardam os olhos, o coração e a mente dos que exploram a terra? Não existe nada mais fértil para a imaginação infantil do que estar em contato com a natureza. Todas as coisas que o feng shui tenta reproduzir no interior estão prontamente disponíveis no exterior.

O que torna a natureza tão irresistível é a proporção. As crianças não gostam tanto dos grandes panoramas quanto de tudo o que é pequeno, cheio de detalhes, próximo e acessível. As coisas excessivamente grandes parecem às crianças desfocadas, difíceis de distinguir — são como abstrações, que não permitem o mesmo grau de integração e envolvimento que elas têm com as pequenas. Você pode esconder-se atrás de uma moita, sentir o aroma dos arbustos e ver as nervuras de suas folhas, mas o pico de uma montanha distante é apenas um quadro que não transmite nada de tangível.

> *Para produzir um espaço acessível à exploração infantil, crie um círculo com um pedaço de corda ou coloque um bambolê na terra para delimitar uma área de investigação. Sugira às crianças que coletem pedras, flores ou folhas diferentes. Os limites ajudam-nas a concentrar-se no pequeno e a não se perder na amplidão da natureza.*

O Ambiente Natural

Os naturalistas Gary Nabham e Stephen Trimble dizem em seu livro *The Geography of Childhood* que 25% das crianças nascidas nos Estados Unidos a partir desta geração vão começar a vida em favelas e nunca conhecerão a terra em que os alimentos são cultivados. Essas crianças nunca conhecerão diretamente as flores, os arbustos, as árvores, as plantas rasteiras, os pássaros e outros animais que vivem livres na natureza. É certo que seus filhos não podem ver tudo que existe sob o sol, mas é vital que você os exponha o máximo possível ao contato com a natureza.

A natureza proporciona uma incomensurável liberdade à criança. É claro que ela pode pisar num canteiro, furar o pneu da bicicleta rodando num gramado molhado ou tirar flores em local proibido, mas a natureza proporciona tamanha abundância que, na maioria das vezes, é impossível que as crianças cheguem a destruí-la.

Há diversas atividades que não prejudicam o cenário natural. Não é porque jogamos uma pedrinha na água que ela fará falta. As crianças podem trepar nas árvores para ver de perto um buraco, rolar colina abaixo e carregar baldes de água de um riacho para um buraco cavado na terra; nenhum mal terá sido feito ao meio ambiente. Quando não são proibidas, todas essas atividades exigem supervisão se realizadas em espaços fechados — mas ao ar livre elas não têm por que sofrer restrições.

A liberdade proporcionada pela diversidade e pela indestrutibilidade dos espaços abertos é um verdadeiro presente para qualquer criança. Não se deve impedi-las de estar ao ar livre por causa das condições climáticas. Se forem adequadamente vestidas, elas podem usufruir da natureza o ano todo. Se onde você mora não houver nenhum lugar onde não haja intervenção humana, faça excursões a locais como florestas, praias, campos, parques

> *Passei meus primeiros sete anos no Brooklin, onde o cimento tomava o lugar da terra e o gramado era um terreno baldio. Lembro-me do meu espanto na primeira vez em que vi um tomate crescendo numa cerca. Eu mal podia acreditar que um caule daquela finura podia suportar o peso daquele fruto roliço e vermelho. Fiquei mais espantada ainda na primeira vez em que fui à costa da Nova Inglaterra. O meu pai apontou para um grande peixe e me disse que o que eu estava vendo era um atum. Sem acreditar, achei graça e disse: "Papai! Você não percebe que ele é grande demais para caber naquela latinha?" Eu não tinha nenhum conhecimento da natureza.*

e qualquer área verde. Não há nada de errado com os *playgrounds* — eles são divertidos e constituem um lugar em que as crianças podem realizar atividades físicas que normalmente são proibidas dentro de casa. Mas eles não substituem o verdadeiro *playground* que é a natureza.

O que a natureza tem de mais característico é o elemento surpresa. Ver um sapo escondido debaixo de uma pedra, um lagarto saindo de sob os arbustos e o brilho da pirita presente numa rocha é o tipo de aventura que as crianças adoram. Nossa tendência é manter as coisas sempre no mesmo lugar da casa — se, por um lado, isso representa conforto e previsibilidade, por outro, pode tornar-se monótono.

Animais

Os bichos, tão abundantes na natureza, são fascinantes para as crianças. Elas não se cansam de observar as formigas marchando em fila, os gafanhotos saltando e os esquilos correndo. Às vezes, o interesse em ter um animal de estimação acaba assim que esse animal é levado para dentro de casa. Raramente vi Alison brincar com seu coelhinho, mas seu interesse por ele redobrou quando ela o levou para fora de casa. Brincavam por horas e horas — ela o tirava da gaiola e o seguia, enquanto ele saltava alegremente pelo quintal. Aparentemente, ele gostava tanto da garota que nunca fugiu. Os dois adoravam brincar juntos, livres, nos campos do subúrbio em que ela morava.

Já que nem todos os animais podem tornar-se animais de estimação, você pode criar vivendas que a criança possa observar de dentro de casa, enquanto está brincando. Regula, minha agente literária, possui catorze garrafinhas e três pratos de comida para pássaros e outros animais espalhados em volta de sua casa. Todas as janelas servem de moldura para os exemplares de vida selvagem, que vêm aos bandos alimentar-se. Uma vez fui consultada por uma família da Nova Inglaterra que tinha uma criança asmática. A menina adorava animais, mas era alérgica a eles. Minha solução, baseada no feng shui, foi pendurar garrafas de comida para pássaros, plantar flores que atraíssem borboletas e espalhar comida para esquilos e veados em locais estratégicos, perto da janela de seu dormitório.

Árvores

Pense em tudo o que uma árvore oferece: as crianças podem trepar em seus galhos, esconder-se atrás delas e usá-las como abrigo, pontos de referência e barreiras de proteção à sua privacidade. Suas folhas promovem uma deslumbrante gama de sombras no chão e um caleidoscópio de formas quando vistas contra o céu. É fascinante tocá-las. As crianças gostam de examinar-lhes as nervuras, sentir-lhes as texturas e aspirar-lhes os aromas. No outono, as folhas mortas podem ser empilhadas, jogadas ao vento, chutadas, picadas e usadas em colagens. Que objeto do interior da casa oferece tantas e tão diversas oportunidades? Mesmo um tronco caído é material para criar um forte ou um abrigo para pequenos animais ou colônias de cogumelos — quando não para servir de base para acrobacias. Se você tem a sorte de ter uma área livre em volta de sua casa, plante uma árvore. Dê preferência a uma espécie que cresça rápido, ou talvez uma árvore frutífera que não atinja grandes alturas, cujos galhos permaneçam perto do chão. Nada que você possa comprar oferece tantas oportunidades quanto essas majestosas sombrinhas vivas.

O hábitat é o terreno em que a criança pode tornar-se o arquiteto. A sua interação com a natureza é uma parceria, como a do pintor com a tela, a do músico com o instrumento, a do soldador com o metal. O ambiente interior é concebido e criado por adultos para atender a necessidades sociais, econômicas e culturais. Ao ar livre, as crianças têm toda a chance de explorar a própria personalidade em toda a sua plenitude, de ousar tudo que sonharem — e a satisfação de saber que não estão fazendo bagunça. A tela lá fora está em branco — e a intervenção só depende da imaginação de cada um. O mundo natural é onde podemos ser mais livres.

16

Necessidades Especiais

Este capítulo é dedicado à análise de necessidades especiais que as crianças possam ter em decorrência de limitações físicas. Para criar um ambiente que não imponha barreiras, é preciso estarmos atentos aos obstáculos que podem atrapalhar os movimentos de uma criança que tem necessidades especiais. Mesmo que esse não seja o caso de nenhum de seus filhos, pode ser o de algum de seus amiguinhos.

O que é uma barreira? Uma barreira é qualquer espaço que seja demasiado pequeno para a locomoção, demasiado difícil para a manipulação ou demasiado alto ou baixo para ser alcançado.

Para poder entender as barreiras enfrentadas por uma criança que tem alguma deficiência, faça este exercício. Imagine que não pode usar nem as pernas nem as mãos para percorrer um caminho recoberto de gelo e ladeado por grandes arbustos espinhosos, até chegar à escada que leva à porta de sua casa. Tente imaginar o que seria preciso para você atingir seu destino em segurança. O que faria para evitar a vegetação espinhenta? Como subiria as escadas? Como levantaria uma aldrava ou empurraria o botão de uma campainha? É muito útil saber o que é que pode ser considerado uma barreira antes de dar início ao processo de formar um espaço no qual uma criança com limitações físicas possa desenvolver-se ao máximo.

Pense nas seguintes questões ao criar um espaço que seja agradável a todos, especialmente às crianças.

O percurso a fazer é estável, firme e antiderrapante?

Os tapetes estão fixados com fitas adesivas ao piso? Qualquer coisa que possa deslizar ou dobrar-se é um perigo quando posta no chão. Há algum batente na entrada dos cômodos? Eles podem fazer as pessoas tropeçarem. As divisórias usadas na junção de dois tipos de piso diferentes muitas vezes têm a borda um pouco levantada em ambos os lados. Se a criança tiver dificuldade de levantar os pés, essas coisas podem se transformar em verdadeiros escolhos.

Mesmo que não seja escorregadio, o piso transmite instabilidade se for muito polido. Eu normalmente recomendo que a recepção dos hospitais não tenha pisos assim, pois a sensação de insegurança aumenta.

Os principais percursos da casa são suficientemente amplos?

Noventa centímetros de espaço livre são em geral uma boa referência, já que permitem a passagem de uma cadeira de rodas sem problemas. Mas a largura mínima deve ser razoavelmente maior, a fim de permitir que duas crianças possam correr lado a lado.

Os objetos existentes ao longo dos percursos são perigosos e difíceis de ver?

Mobília com quinas pontiagudas, plantas, folhagens, esculturas e outros objetos fáceis de evitar para a criança de visão e agilidade normais podem ser verdadeiros desafios para a que tem necessidades especiais.

Fora de casa, a criança que tem de usar uma cadeira de rodas geralmente tem mais espaço para movimentar-se e, portanto, mais facilidade em controlar os próprios movimentos para evitar os objetos. Mas em espaços fechados, preste atenção a possíveis perigos e problemas.

A entrada para os cômodos da casa tem mais de 80cm?

Às vezes a distância entre as molduras verticais da porta pode ser ampla o bastante para uma criança numa cadeira de rodas passar, mas se a porta não se abrir completamente, o espaço na verdade é mais estreito. A culpa quase sempre é das dobradiças. Instale dobradiças que permitam que a porta se abra inteiramente para resolver esse problema.

As maçanetas das portas e armários podem ser manipuladas por quem está sentado? E por alguém com o punho fechado?

Naturalmente esses requisitos excluem os puxadores e maçanetas que precisam ser girados. Os ferrolhos e travas que exigem o peso do braço para abrir não são problema para as crianças com força suficiente ou com limitações no uso das mãos.

Há espaço suficiente (círculos com 1,5m de diâmetro) para que uma cadeira de rodas possa dar a volta completa?

Banheiro e cozinha são locais de mais difícil adaptação a essa necessidade. A maioria dos demais cômodos de uma casa dispõe de área suficiente para a inclusão de um espaço desimpedido com 1,5m de circunferência, que permitirá essa manobra.

As obras de arte estão colocadas numa altura em que possam ser vistas sem esforço?

Nada é mais frustrante que a impossibilidade de ver um objeto bem o suficiente para apreciá-lo. Uma pintura com muitos detalhes pequenos, difíceis de distinguir, colocada muito alto na parede pode causar frustração subconsciente por ser difícil de ver. Com o tempo, quando não conseguimos enxergar alguma coisa direito, ela passa a ser invisível ou causa ressentimento.

As mesas e os balcões são fáceis de alcançar?

É essencial que haja superfícies de altura apropriada em quantidade suficiente para brinquedos e objetos domésticos. Nesse aspecto, os banheiros e as cozinhas são, mais uma vez, os locais de mais difícil adequação. Adaptar uma extensão a uma superfície já existente é uma forma de evitar sua reforma. Você pode adaptar as mesas e balcões existentes usando ganchos e dobradiças.

Prendendo uma bandeja a tubos de plástico cortados no sentido longitudinal, você poderá encaixar uma mesa nos braços de uma cadeira de rodas. Assim, com pouco dinheiro e sem muita dificuldade, será possível dispor de uma superfície bem versátil para brincar.

Uma tábua presa a tubos de plásticos cortados ao meio pode ser encaixada nos braços da cadeira de rodas.

Há um espaço de pelo menos 70cm de altura × 75cm de largura × 50cm de profundidade sob as mesas e superfícies de trabalho?

Esteja atento à altura das mesas usadas para comer, trabalhar e brincar ou jogar. As mesas com pé central são ideais, pois fornecem amplo espaço sob o tampo. Apesar de terem muitas vantagens para as famílias, as mesas redondas podem frustrar as crianças com limitação de mobilidade na parte superior do corpo devido à sua falta de bordas definidas.

As crianças que têm pouca mobilidade precisam de ainda mais estímulo sensorial do que as demais. A casa de uma criança com problemas de visão, por exemplo, deve ter uma grande variedade de texturas, ao passo que a de uma criança com problemas de audição deve conter muitos estampados e acessórios móveis. Sempre que houver algum problema ou limitação numa área, enfatize as outras. Procure lançar mão de mais odores e coisas para ver e ouvir a fim de estimular a criança que tem necessidades especiais.

- Acrescente **aromas** em mais pontos da casa. Ligue aromatizadores elétricos na entrada de cada cômodo.
- Torne a **iluminação** mais variada. Coloque lâmpadas mais fortes nos corredores e procure fazer com que os focos de luz dirigidos à criança a envolvam inteiramente.
- Inclua mais **sons** no ambiente. Coloque campainhas que toquem quando a porta é aberta ou prenda sinos nas maçanetas, janelas ou qualquer coisa que se mova de vez em quando.
- Procure ter o máximo de **movimento** possível. Prenda móbiles diante dos condutos de ventilação ou perto das portas. Use cortinas leves, que oscilem com o vento. Prenda um cata-vento no ventilador. Providencie brinquedos que se mexam, como o joão-bobo.

Algumas idéias para exercitar mais os braços e as mãos:

- arcos de trapézio pendurados no teto ou na viga da cumeeira
- sacos com enchimento pendurados na altura do peito, para empurrar, apertar e socar
- um varal para ligar dois espaços e funcionar como transporte de mensagens
- uma cesta de basquete presa a baixa altura do piso

Todas as crianças têm "necessidades especiais", pois todos nós temos pontos fortes e fracos. Se uma criança não consegue ficar parada, um canto cheio de almofadas talvez a seduza o bastante para descansar. Uma prancha colocada entre dois degraus baixos de uma escada pode ser o primeiro passo para vencer o medo de altura. A única maneira de preparar um espaço onde a criança possa dar vazão a todo o seu potencial é ver com honestidade as suas necessidades especiais.

17

Casas Não-tóxicas

Hoje as crianças passam muito mais tempo dentro de casa do que antigamente. Portanto, é preciso que estejamos muito atentos às toxinas potencialmente nocivas usadas para construir nossas casas e confeccionar as mercadorias que levamos para dentro delas.

A produção mundial só de químicos inorgânicos aumentou de modo espetacular: de um milhão de toneladas em 1930 para quinhentos milhões em 1994 e quase um bilhão hoje em dia. Esses fatos sobre os materiais atualmente usados na construção poderão assombrá-lo: até 1950, entre 60 e 70% das casas eram constituídos de materiais neutros, como pedra e barro, e 30 a 40% eram de materiais orgânicos, como madeira e cortiça. Em 1990, por sua vez, apenas 30% das casas eram neutros e 5% orgânicos — entre 65 e 85% eram constituídos de materiais duros e sintéticos, como concreto, aço, vidro e plástico.

Em termos de riscos à segurança, são os seguintes os fatos atualmente:

Uma em cada cinco casas apresenta vazamento de gás.
Uma em cada quatro tem problema de ventilação no sistema de aquecimento.
Uma em cada três apresenta crescimento não-detectado de fungos.

Falta de Ventilação

A casa é como uma terceira pele. A primeira é a nossa própria epiderme, e a segunda são as roupas que vestimos. Talvez você se lembre da personagem que se asfixiava no filme *Goldfinger*, de James Bond, porque a tinta que lhe cobria o corpo inteiro impedia que sua pele respirasse. As toxinas são liberadas através da superfície da pele, e a casa deve ter a mesma função.

No passado, as janelas dificilmente barravam inteiramente as correntes de ar, e as barreiras de vapor tampouco eram herméticas. Isso significa que o ar dentro das casas era trocado com mais freqüência. Hoje as habitações podem ser muito econômicas em termos de energia, mas isso impede que as toxinas sejam eliminadas quando o calor escapa. Nós estamos nos asfixiando em nossas próprias toxinas. E as crianças correm mais riscos que os adultos.

Sintomas

Os sintomas abaixo podem ser decorrentes de uma casa pouco saudável:

persistência de sintomas semelhantes aos da gripe
ardor ou queimor no rosto
irritações nos olhos
coceira, formigamento ou irritação no rosto ou no corpo
secura nas vias respiratórias
falta de concentração
inchaço das membranas mucosas sem que se verifique
    nenhuma infecção por vírus

Muitos acreditam que o mofo e os produtos químicos liberados na atmosfera são os responsáveis pelo aumento da asma e dos problemas nos brônquios, entre outras doenças ligadas aos pulmões. Recentemente, li um estudo sobre os possíveis gatilhos do autismo. Na lista estão também as casas tóxicas que comprometem o sistema imunológico. Segundo Helmut Ziehe,* as razões para muitos males da saúde estão no uso crescente de materiais de construção repletos de toxinas, juntamente com as fibras usadas no vestuário, que são embebidas em corantes, agentes antiinflamáveis e outros produtos químicos. O contato diário da pele da criança com tecidos sintéticos quimicamente "melhorados" e seu consumo de alimentos misturados a corantes, substâncias que intensificam o sabor, como o glutamato monossó-

---

* Helmut Ziehe, fundador do International Institute for Bau-Biologie & Ecology, em Clearwater, Flórida, foi quem forneceu os dados apresentados neste capítulo. Se seu filho exibir algum dos sintomas aqui discutidos, que não seja eliminado mediante intervenção médica, sugiro que você telefone para essa organização (727-461-4371) ou envie um e-mail para baubiologie@earthlink.com.

dico, estabilizantes, preservativos e outros aditivos químicos formam uma perigosa combinação, capaz de causar sérios problemas à saúde.

Químicos na Construção Civil

Que fazer? Como pais, temos de criar um ambiente que tenha o mínimo possível de toxinas ou produtos que oferecem riscos potenciais. Seguem aqui algumas considerações para sua reflexão, dependendo da saúde de seu filho e da idade de sua casa. As construções anteriores a 1976 continham muito menos materiais perigosos, excetuando-se as tintas, em cuja composição entrava o chumbo. Mesmo considerando os graves danos à saúde causados por essas tintas e pelo amianto nas habitações mais antigas, o fato é que as casas de hoje têm mais toxinas.

Eis aqui uma pequena lista dos tipos de toxinas e riscos a que estamos expostos em nossas próprias casas:

> **Gases e vapores poluentes**: formaldeído, carbonodioxina, monóxido de carbono, óxido de nitrogênio, óxido de enxofre, chumbo, radônio, estireno, arsina, fluoreto de hidrogênio, ácido hidroclórico, bifenilas policlorinadas, ácido polivinilclorídrico, cloronaftalina e centenas de outras substâncias químicas que poluem o ar do interior das casas
> **Fibras**: amianto, sintéticas, microfibra de vidro e microrock, além de têxteis
> **Micróbios**: bactérias, fungos e vírus
> **Radiação**: materiais radiativos, campos eletromagnéticos (CA) e eletrostáticos (CC)

Dois fatores que contribuem para o aumento da poluição no interior das casas são o número cada vez maior de substâncias químicas adicionadas aos produtos de uso doméstico e as barreiras herméticas que, ao mesmo tempo que reduzem os custos de aquecimento e refrigeração, impedem que essas substâncias escapem para o exterior. Antes da crise de energia dos anos 70, havia troca de ar entre o interior e o exterior pelo menos a cada hora nas casas comuns. Hoje o ar da casa que tem consumo eficiente de energia leva até cinco horas para ser trocado!

Uma solução bem simples seria abrir uma janela nos cômodos usados pela família. Já que as crianças passam cerca de seis a dez horas dormindo, cuide para que haja entrada de ar fresco na casa durante a noite. Independentemente das condições climáticas do lado de fora, sua casa precisa permitir a troca constante de ar.

Naturalmente, é melhor saber de antemão o que não deve ser levado para dentro de casa nem usado na construção. Mas isso ultrapassa o âmbito deste livro. Sugiro que você consulte aquele que considero o melhor livro sobre a construção de casas saudáveis: *Prescriptions for a Healthy House*, de Paula Baker, Erica Elliot e John Banta. Trata-se de uma obra exaustiva, feita por profissionais da área: uma arquiteta, uma médica e um inspetor ambiental, respectivamente.

Toxinas e Riscos Específicos

Mofos

Os mofos são alérgenos que reconhecidamente contribuem para distúrbios respiratórios, como asma, pneumonia e disfunções imunológicas. As crianças costumam gostar de brincar no chão, o que as aproxima das fontes de mofo. Esses agentes estão envolvidos no misterioso surgimento da letal doença dos legionários (*legionella*) e nas cefaléias, mal-estares, letargia e reações alérgicas que fazem parte da síndrome dos prédios doentes.

Presentes em grande escala na natureza, os mofos, bolores e fungos, quando se acumulam em altas concentrações, podem provocar toda sorte de males ambientais. Embora os porões e outras estruturas semelhantes criem um ambiente muito propício à proliferação de fungos, há muitas outras áreas a observar.

Verifique se existe mofo em qualquer local em que possa haver acúmulo de umidade, inclusive

porões	paredes com vazamento de tubulação
banheiros	carpetes
parapeitos de janelas	ralos sob pias
lavanderias	locais onde já houve molhação
tetos e paredes onde	dutos de ar-condicionado
haja goteiras	paredes forradas com vinil

Uma solução, após a resolução do problema que causou o mofo, é limpar as superfícies mofadas com água sanitária e secá-las cuidadosamente em seguida. Se o problema em sua casa for grave demais, chame um especialista. No final do livro há uma relação de serviços que podem ser consultados.

Pisos

As crianças pequenas passam boa parte do tempo engatinhando, brincando e dormindo no chão. Não é raro que elas brinquem com objetos que tenham caído no piso, ponham o dedo na boca depois de engatinhar ou enfiem o nariz onde quer que possam. Isso as expõe ao contato direto com as toxinas presentes no piso.

Apesar de criarem uma superfície macia e agradável ao contato dos pés, os **carpetes** podem criar incontáveis problemas. Os que têm forro de látex sintético emitem cerca de cem gases diferentes. Se o carpete for colado, é bem provável que o adesivo usado emita gás formaldeído. Alguns exemplos abordados em *Prescriptions for a Healthy House* (Baker, Elliot e Banta) indicam que o formaldeído pode estar por trás de sintomas como distúrbios digestivos, bronquites recorrentes, insônia, tosse crônica, hipoglicemia, letargia, alergias e confusão mental. Além disso, ele é considerado um cancerígeno. As fibras que mais resistem à sujeira e à gordura são quase sempre revestidas de químicos que se decompõem e podem ser absorvidos pelas crianças, se puserem o dedo na boca enquanto brincam no chão. Os carpetes mais antigos, de fibras naturais, geralmente não contêm elementos resistentes ao fogo. Quando adequadamente limpos e mantidos, são mais seguros, do ponto de vista da qualidade ambiental.

Os **forros** usados como amortecedores sob os carpetes também podem liberar muitos gases tóxicos, inclusive o formaldeído. A maioria desses forros é feita de espuma ou borracha sintéticas e contém derivados de petróleo que continuam poluindo o ar após a instalação.

O piso mais saudável é o antiquado **linóleo**, feito com óleo de linhaça, cortiça e caliça e tingido com corantes à base de terra ou de vegetais. Para maior conforto, você pode acrescentar tapetes avulsos feitos de materiais na-

---

Antes de colocar piso de madeira na minha casa, conversei com vários técnicos. Nenhum se responsabilizou pela resistência do assoalho, a menos que aplicássemos uma camada de verniz de poliuretano. Seja qual for o acabamento usado num produto, ele sempre vai interferir no meio ambiente. O piso de madeira que é tratado com acabamento plástico é, na verdade, um piso plástico e vai liberar gases. Eu insisti em que usássemos apenas uma cera como acabamento. É verdade que eu sabia que seria preciso reencerar o piso freqüentemente para manter e proteger a beleza da madeira. O possível incômodo que isso traria era pequeno em relação à reação negativa que um acabamento à base de plástico poderia provocar numa criança.

turais, como algodão, linho ou lã. Se as fibras não tiverem sido tratadas com produtos químicos, esses materiais dificilmente causarão reações.

Brinquedos Plásticos e Sintéticos

Os brinquedos de pelúcia podem não ser recomendados, pois os materiais usados para o enchimento — como por exemplo a espuma de borracha — e os forros de tecidos sintéticos podem estar carregados de substâncias nocivas. Além disso, eles retêm eletricidade estática, da mesma forma que os carpetes acrílicos e de náilon. Sempre que possível, compre brinquedos de fibras naturais. Mas se o brinquedo preferido de seu filho for de material sintético, forre-o com tecido 100% algodão ou linho não-tratados quimicamente.

Os brinquedos que as crianças gostam de pôr na boca devem ser avaliados. Lembre-se que, com menos de 2 anos, elas podem colocar na boca tudo que encontrarem. Por isso, os brinquedos voltados para bebês e crianças em fase de dentição podem ser mais perigosos que os das crianças maiores. Meu conselho é comprar produtos naturais para as crianças de menos de 2 anos — e também para as mais velhas, principalmente se houver problemas de saúde ligados à falta de segurança ambiental, como resfriados crônicos, dificuldades respiratórias, asma ou problemas brônquicos, dores de cabeça, sinusite crônica, rouquidão e letargia. Além disso, reduza a compra de brinquedos de plástico, principalmente se forem de PVC colorido.

Campos Elétricos de Corrente Alternada (CA) e Campos Magnéticos de Corrente Contínua (CC)

As opiniões sobre os efeitos dos campos elétricos e magnéticos sobre o organismo humano variam muito. Quando *The Body Electric* foi publicado, sua mensagem foi considerada demasiado radical. A tese do livro era que, por ser o corpo humano um sistema elétrico, outros campos elétricos maiores poderiam interferir com nossos campos elétricos naturais e causar danos à saúde. Quando se trata de proteger as crianças — cujos organismos, por ainda estarem em processo de amadurecimento, são como esponjas, capazes de absorver tudo que há no ambiente —, sou da opinião de que devemos pecar pelo excesso de cautela. A tabela a seguir apresenta alguns fatos a respeito das diferenças entre essas duas possíveis fontes de riscos, para que saibamos a que devemos prestar atenção.

Diferença entre Campos Elétricos e Campos Magnéticos

Campo Elétrico (CA)

Em geral flui em linha reta do ponto de maior para o de menor voltagem (normalmente a terra)
Pode ser protegido
Presente na fonte mesmo quando os interruptores estão desligados

Campo Magnético (CC)

Irradia em todas as direções a partir de uma fonte
Difícil, mas não impossível, de proteger
Só emite radiações quando os aparelhos estão ligados ou quando há movimento de elétrons, como num cabo elétrico

As luminárias não conectadas à terra e colocadas a menos de 1,3m de distância da cama da criança produzem uma situação ambientalmente negativa. Os campos magnéticos (CC) podem atravessar as paredes e afetar a criança num quarto adjacente. Isso acontecerá se o aparelho emissor — inclusive televisores, aparelhos de som ou computadores — estiver colocado num cômodo que compartilhe a parede à qual está encostada a cama no quarto da criança. Esses campos atravessam não apenas paredes, mas também pisos e tetos.

Abaixo uma lista de fontes comuns de campos elétricos e magnéticos no lar:

   babá eletrônica
   luminárias
   televisores
   aparelhos de som
   eletrodomésticos de cozinha, principalmente os fornos de microondas
   computadores

rádios-despertadores
telefones celulares
transformadores, inclusive de lâmpadas fluorescentes

O quarto de dormir é o local em que a criança passa a maior parte do tempo sem interrupções. Por conseguinte, é importante colocar a cama numa posição em que a criança não fique exposta a campos nocivos. Só um especialista, munido do equipamento adequado, é quem pode determinar exatamente a distância mínima que a criança deve manter das fontes elétricas e magnéticas. Entretanto, um bom modo de começar é colocando a cama o mais longe possível dos eletrodomésticos existentes no quarto, e as luminárias e outros dispositivos elétricos a pelo menos 1,3m das paredes que têm contato com a cama. Como no caso de qualquer outro risco ambiental, esteja especialmente atento à recorrência de problemas físicos e até mesmo emocionais que possam decorrer do eletromagnetismo.

Têxteis

O que os pais podem fazer com relação às toxinas presentes em tecidos é usar de vigilância e só comprar produtos não-tóxicos. Eis aqui algumas orientações.

- Lençóis, cobertores, travesseiros, almofadas de berço e edredons devem ser de fibras naturais macias, que permitam a absorção e a respiração. Na verdade, isso se aplica a qualquer coisa que entre em contato com a pele da criança por mínimo tempo que seja, sendo as roupas, obviamente, o principal.
- Escolha as fibras naturais que sejam 100% algodão, linho e lã orgânicos e não-processados.
- Evite tecidos tratados com produtos que visem realçar a aparência e dispensar o passar a ferro, assim como os químicos destinados a retardar a inflamabilidade. Eles contêm formaldeído ou resinas plásticas que nem sempre são removíveis na lavagem.
- Compre fronhas de algodão orgânico quando seu filho estiver pronto para usar o travesseiro, o que geralmente ocorre em torno dos 12 meses.

Produtos Domésticos

A dioxina, um derivado dos compostos clorados, é formada quando o **cloro** é usado para branquear polpa de madeira marrom. A polpa branqueada é então convertida em inúmeros produtos de papel, inclusive fraldas. É praticamente impossível fabricar um produto 100% seguro do ponto de vista ambiental. Embora os Estados Unidos ainda não tenham se pronunciado diante da possibilidade de produtos à base de tecidos e papéis tratados com cloro afetarem a saúde infantil, por via das dúvidas será bom limitarmos seu contato com a pele. Na verdade, o governo sueco só permite a comercialização de produtos infantis em cujo processamento não entre cloro.

⑨   ⑨   ⑨

A base da saúde de toda a vida de seu filho se constrói em seus anos de crescimento. Não corra riscos e procure agir sempre com cautela.

18

As Casas Falam

As casas têm uma linguagem. Como em todas as línguas, as palavras têm um sentido, mas é o conjunto que forma o pensamento. Este livro traduz os símbolos que existem numa casa e o ensina a fazer com que o seu lar transmita as mensagens mais adequadas ao seu filho. Como todas as conversas, a casa também precisa comunicar várias coisas. Se você se cansar de ouvir sempre a mesma mensagem, então vá, com o tempo, mudando a mensagem que a sua casa transmite.

Os adultos costumam viver em ambientes que não se prestam muito a mudanças, mas não as crianças. Os pais talvez devam pensar em como mudar a casa à medida que os filhos vão crescendo. Caso contrário, é bem provável que eles façam as mudanças que necessitarem sem o consentimento paterno.

Deve-se dar mais importância a elementos que normalmente são considerados secundários, como piso, teto e paredes. As crianças passam boa parte do tempo olhando para o forro, que quase nunca é decorado. Nenhuma parte de um ambiente deve ser ignorada. A parte de trás da mobília, reentrâncias e espaços deixados de lado são o tipo de coisa que mais satisfaz o desejo de variar das crianças. Embora precisem de certa previsibilidade no ambiente doméstico, uma nova arrumação dos brinquedos e dos objetos de decoração nunca é problema para elas.

As crianças não apenas passam rapidamente de um estágio a outro, como também reagem mais intensamente a todos os estímulos sensoriais que os adultos. Lembro-me de como meu pai me dizia para aproveitar o gosto da comida, pois quanto mais vivemos, menos sensibilidade temos ao paladar. Assim como as mãos, muitos dos potentes sentidos por meio dos quais sentimos o mundo ficam calejados com o uso. Lamber a tigela da massa de bolo, cheirar uma flor recém-colhida ou brincar com novelos de cores vivas faz a delícia das crianças, muito mais do que nós podemos imaginar. Os objetos do dia-a-dia podem entediar os adultos, mas fascinam as crianças, pois elas estão o tempo todo criando, formando e construindo com tudo o que têm ao seu redor.

> *Lembro-me muito mais da parte de baixo do tampo da mesa de jantar de meus pais do que da parte de cima. O que eu mais gostava naquele cantinho escuro e fresco sob a mesa era a sensação de estar segura e protegida, livre da supervisão dos adultos, embora estivesse cercada por eles. Era curioso escutar as conversas ali, muito mais do que se tivesse de participar delas. A forma dos sapatos, das pernas e das roupas escondidas sob a mesa me encantava. Essa experiência de infância mostra que quase qualquer coisa pode ser fascinante para uma criança se ela tiver a chance de explorá-la sem o peso das expectativas. Portanto, todos nós temos em casa o material para cativar os nossos filhos.*

Os filhos são os nossos milagres. Eles merecem um lar em que haja independência, interdependência, segurança, liberdade, opção, beleza, alegria, aventura, tranqüilidade e paciência. Isso não é nada fácil para nós, os pais! Mas com o feng shui podemos aumentar a probabilidade de criar no lar uma atmosfera em que nossos filhos se sintam amparados.

A paisagem em que a criança vive deve proporcionar uma ligação com o passado, assim como uma ponte que leve ao futuro. Os pais precisam encontrar o equilíbrio entre o respeito pelas realizações do passado e o orgulho no presente. A estrelinha que seu filho ganhou de prêmio no jardim-de-infância deve ter seu lugar — só que ele não deve ser acima do lugar ocupado pelo primeiro desenho e suas linhas incertas. A casa deve refletir o passado e o presente. Mas o mais importante é que ela propicie desafios que estimulem futuras metas. Por exemplo, os livros que você tem em casa podem deflagrar em seu filho a vontade de ler muito antes de ele ter idade suficiente para decifrar o mundo das palavras. O que é que você tem em casa que seu filho quer fazer? Um quebra-cabeça que ele ainda não conseguiu terminar, uma bicicleta que aguarda a hora de ser montada ou um jogo que exija habilidades ainda não desenvolvidas? E você — o que é que você, como adulto, ainda tem vontade de fazer? Será que você conseguiria imaginar uma vida sem objetivos?

As crianças vivem num mundo em que o contexto é que faz o sentido, e o papel que elas desempenham é que forma a sua identidade. A sensação de dignidade e de ter valor como pessoa se cria por interações. É pela ação que as crianças aprendem a percorrer o caminho da aprendizagem. Quanto mais elas se sentirem "abraçadas" pelo ambiente em que vivem, quanto mais textura, profusão e profundidade ele lhes fornecer, mais ricas serão as suas experiências.

O ambiente não fica mais bonito com o que o mercado produz para entreter as crianças, mas, sim, com a quantidade de experiências que elas têm. O espaço que propiciará o desenvolvimento de seu filho não depende do dinheiro que você possa gastar em equipamentos e brinquedos, mas, sim, do tempo que você investir para que ele proporcione a seu filho tanto a diversidade de opções quanto a especificidade, com base em suas características peculiares. Não existe um ambiente perfeito em que todas as crianças se desenvolvam bem. O que há são conceitos que, quando aplicados a um lar, podem fornecer à criança a base para o seu desenvolvimento. Se você se dispuser a compreender o que é preciso e investir seu tempo em criá-lo, terá tudo para cultivar um ambiente em que todos os sonhos de seu filho se tornem realidade.

Posfácio

Jamais perca de vista a necessidade universal da autenticidade.

Era uma vez uma criança que andava e andava,
E a primeira coisa que ela via ela se tornava essa coisa,
E essa coisa se tornava parte dela durante esse dia ou durante uma certa parte do dia,
Ou durante muitos anos ou durante muitos ciclos de anos.

— Walt Whitman, *Leaves of Grass*, publicado em 1855

Se os espaços interiores da criança forem povoados com coisas que tenham a ver com o que ela tem de mais autêntico, ela terá mais chance de expressar sua verdadeira natureza. O que mais podem querer os pais que criar para seus filhos um ambiente em que eles possam explorar e entender os mistérios do potencial que têm dentro de si?

A obra mais importante de minha vida tem sido contribuir para a vida das crianças com as quais fui abençoada: Zachary, Chloe, Barnaby, Shanna, Patrick, Chad, Rebecca, Tommy, Lee, Leni e, em breve, Kroll.

Bibliografia

Ackerman, Diane. *Deep Play*. Nova York: Random House, 1999.

____. *A Natural History of the Senses*. Nova York: Vintage Books, 1990.

Americans with Disabilities Act. "Checklist for Readily Achievable Barrier Removal", 16 de maio de 1995.

Baker, Paula, Elliot, Erica, e Banta, John. *Prescriptions for a Healthy House*. Santa Fé, NM: InWorld Press, 1997.

Birren, Faber. *The Power of Color*. Secaucus, NJ: Citadel Press, 1997.

Campbell, Don. *The Mozart Effect*. Nova York: Avon Books, 1997.

Center for Accessible Housing. *Recommendations for Accessibility Standards for Children's Environment's*. Raleigh, NC: North Carolina State University, janeiro de 1992.

Cobb, Edith. *The Ecology of Imagination in Childhood*. Dallas: Spring Publications, 1993.

Davis, Adelle. *Let's Have Healthy Children*. Nova York: Harcourt, Brace, Jovanovich, 1999.

Fraiberg, Selma. *The Magic Years*. Nova York: Simon & Schuster, 1996.

Gallagher, Winifed. *Just the Way You Are*. Nova York: Random House, 1996.

Green, Nancy Sokol. *Poisoning Our Children: Surviving in a Toxic World*. Chicago: Noble Press, 1991.

Hall, Edward T. *The Hidden Dimension*. Nova York: Doubleday, 1966, 1982.

Jaffke, Freya. *Work and Play in Early Childhood*. Hudson, NY: Anthroposophic Press, 1991.

Maslow, Abraham. *The Farther Reaches of Human Nature*. Nova York: Arkana Publishers, 1993.

____. *Motivation and Personality, Toward a Psychology of Being*, 2ª edição. Nova York: Harper & Row, 1987.

Mojay, Gabriel. *Aromatherapy for Healing the Spirit*. Nova York: Gaia Books, 1996.

Nabhan, Gary Paul, e Trimble, Stephen. *The Geography of Childhood*. Boston: Beacon Press, 1994.

Olds, Anita Rui, e Silverstein, Murray. "The Architecture of Day Care and Health Care Environments." Boston: Child Care Design Institute, Harvard University, junho de 1999.

Thomas, Marlo. *Free to Be You and Me*. Realizado por Marlo Thomas e transmissão televisiva de 1972. BMG/Arista, 1972.

Whitman, Walt. *Leaves of Grass*. Nova York: Doubleday, 1940.

Wydra, Nancilee. *Designing Your Happiness*. Torrence, CA: Heian Publishers, 1995.

_____. *Feng Shui: The Book of Cures*. Lincolnwood, IL: NTC/Contemporary, 1996. [*Feng Shui: O Livro das Soluções*, publicado pela Editora Pensamento, São Paulo, 1997.]

_____. *Feng Shui and How to Look Before You Love*. Lincolnwood, IL: NTC/Contemporary, 1998.

_____. *Feng Shui Goes to the Office*. Lincolnwood, IL: NTC/Contemporary, 2000. [*O Feng Shui Chega ao Escritório*, publicado pela Editora Pensamento, São Paulo, 2001.]

_____. *Feng Shui in the Garden*. Lincolnwood, IL: NTC/Contemporary, 1997.

Serviços

Feng Shui Institute of America (FSIA)
P.O. Box 488, Wabasso, FL 32970
Telefone: (888) 488-FSIA (3472)
Fax: (561) 589-1611
E-mail: Windwater8@aol.com
Websites: www.windwater.com (informações sobre a formação profissional em feng shui e lista mundial de consultores)
www.efengshuiusa.com (informações *gratuitas* sobre feng shui)

Feng Shui Institute International (FSII)
7547 Bruns Court, Canal Winchester, OH 43110
Telefone: (614) 837-8370
Fax: (614) 834-9760
E-mail: fengshuimasters1@aol.com
Organização que congrega profissionais de feng shui treinados pelo FSIA

Full Circle Architects
Lenore Baigelman
1624 Northland Avenue, Highland Park, IL 60035
Telefone: (847) 831-0884
Fax: (847) 831-0286
E-mail: lenorewb@aol.com

Healthy Habitats
Tara Andrea Swierkosz
2367 Ruta Corta, Santa Fe, NM 87505

Telefone: (505) 438-7793
Fax: (505) 438-8747
E-mail: maboudtara@compuserve.com

Healthy Homes
Carol Venolia
P.O. Box 4417, Santa Rosa, CA 95402-4417
Telefone: (707) 579-2201
E-mail: CVenolia@compuserve.com

Image Diagnostics
Beverly Payeff
P.O. Box 136, Brookline, NH 03033
Telefone: (800) 303-0056
Fax: (603) 672-2848
E-mail: imagedi@tiac.net

International Institute for Bau-Biologie & Ecology
Helmut Ziehe
1401 A Cleveland Street, Clearwater, FL 33755
Telefone: (727) 461-4371
Fax: (727) 441-4373
E-mail: baubiologie@earthlink.net
Website: www.bau-biologieusa.com

Soul Essentials
P.O. Box 488, Wabasso, FL 32970
Telefone: (888) 780-SOUL (7685)
Fax: (561) 589-1611
E-mail: Cures4U@aol.com
Quadros, rodas e outros materiais de apoio para a utilização de feng shui

Angel Thompson
Astrologia/Feng Shui
1809 Washington Way, Venice, CA 90291
Telefone: (310) 821-2527
Fax: (310) 822-9846
E-mail: FengShuiLA@aol.com